JLPT 콕콕 찍어주마 N3 독해 4th EDITION

지은이 이서규, 박성길, 이영아, 김윤선 공저
펴낸이 정규도
펴낸곳 (주)다락원

초판 1쇄 발행 2010년 2월 6일
개정2판 1쇄 발행 2011년 9월 25일
개정3판 1쇄 발행 2017년 12월 11일
개정3판 6쇄 발행 2025년 2월 7일

책임편집 송화록, 이선미, 정은영
디자인 이선주, 김희정, 하태호(표지)

다락원 경기도 파주시 문발로 211
내용문의: (02)736-2031 내선 460~465
구입문의: (02)736-2031 내선 250~252
Fax: (02)732-2037
출판등록 1977년 9월 16일 제406-2008-000007호

Copyright ⓒ 2017, 이서규, 박성길, 이영아, 김윤선

저자 및 출판사의 허락 없이 이 책의 일부 또는 전부를 무단 복제·전재·발췌할 수 없습니다. 구입 후 철회는 회사 내규에 부합하는 경우에 가능하므로 구입문의처에 문의하시기 바랍니다. 분실·파손 등에 따른 소비자 피해에 대해서는 공정거래위원회에서 고시한 소비자 분쟁 해결 기준에 따라 보상 가능합니다. 잘못된 책은 바꿔 드립니다.

ISBN 978-89-277-1182-7 18730
　　　978-89-277-1168-1 (set)

http://www.darakwon.co.kr

- 다락원 홈페이지를 방문하시면 상세한 출판정보와 함께 동영상강좌, MP3자료 등 다양한 어학 정보를 얻으실 수 있습니다.

- 콕콕 실전문제 및 파이널 테스트 문제의 해석은 다락원 홈페이지 학습자료실에서 다운로드 받으시거나 교재 안의 QR코드를 통해 바로 확인하실 수 있습니다.

머리말

　JLPT(일본어 능력시험)는 국제교류기금 및 일본국제교육지원협회가 일본 및 해외에서 일본어를 모국어로 하지 않는 사람을 대상으로 일본어 능력을 측정하고 인정함을 목적으로 하는 시험이며 일본 정부가 공인하는 세계 유일의 일본어 시험인 만큼 일본의 대학, 전문학교, 국내 대학교의 특차전형과 기업 인사 및 공무원 선발에서의 일본어 능력에 대한 평가 자료로도 활용되고 있습니다.

　1984년부터 매년 12월에 시험이 시행되었고 2009년부터 1년에 2회, 즉 7월과 12월에 실시되고 있습니다. 또한 2010년부터 학습자들의 과제 수행을 위한 커뮤니케이션 능력을 측정하는 것을 목표로 새로운 유형으로 바뀌면서 N1부터 N5까지 더 세분화되었습니다.

　독해는 글자 그대로 문장을 읽고 이해하는 능력을 측정하는 시험입니다. 단어 하나하나의 해석보다는 문장 전체의 흐름, 키워드, 필자의 의도 등을 파악하는 것이 훨씬 중요합니다. 그러기 위해서는 기본적으로 레벨에 맞는 어휘와 문법 실력을 갖추어야 하고 많은 문제를 풀어 반복적으로 등장하는 핵심 단어를 찾아낼 수 있어야 합니다.

　독해 실력을 향상시키기 위해서는 다양한 장르의 문장을 다독하는 것이 선행되어야 합니다. 그리고 단문, 중문, 장문으로 갈수록 지문이 길어지면서 어려워하는 수험생이 많은데, 그럴 때는 단문 두 개 또는 세 개를 푼다는 생각으로 분리해서 사고하는 요령이 요구됩니다.

　그래서 본서에서는 다양한 독해문을 다루었으며 상대적으로 조금 평이한 문제와 다소 어려운 문제까지 출제하여 합격은 물론 고득점을 목표로 하는 학습자에게도 도움이 될 수 있도록 구성하였습니다. 본서에 나오는 어휘와 문형을 두루 익히고 조금 난해한 문제라도 먼저 풀어 보고 해설을 통해 이해하는 식으로 여러 독해 지문에 대한 이해도를 조금씩 높여 나간다면 소기의 목적을 달성할 수 있으리라 확신합니다.

　끝으로 이 책의 출판에 도움을 주신 ㈜다락원의 정규도 사장님과 일본어 출판부 직원 여러분에게 이 자리를 빌려 감사드립니다.

저자 일동

JLPT(일본어 능력시험)에 대하여

1. **목적 및 주최** | JLPT(일본어 능력시험)는 원칙적으로 일본 국내외에서 일본어를 모국어로 하지 않는 사람을 대상으로 한다. 일본어를 공부하거나 사용하는 사람들의 일본어 능력을 측정하고 인정하는 것을 목적으로 한다. 일본 정부가 세계적으로 공인하는 유일한 일본어 시험으로 국제교류기금과 재단법인 일본국제교육지원협회가 주최한다.

2. **실시 횟수** | 매년 7월 첫 번째 일요일과 12월 첫 번째 일요일 2회 실시한다. 하지만 주관 부서의 사정에 따라 변경될 수도 있으니 http://www.jlpt.or.kr/ 에서 확인하기 바란다.

3. **레벨** | 시험은 N1, N2, N3, N4, N5로 나뉘어 있어 수험자가 자신에게 맞는 레벨을 선택하면 된다. 각 레벨에 따라 N1~N2는 언어지식(문자·어휘·문법)·독해, 청해의 두 섹션으로, N3~N5는 언어지식(문자·어휘), 언어지식(문법)·독해, 청해의 세 섹션으로 나뉘어 있다.

4. **시험 결과 통지와 합격 여부** | JLPT는 다음 예와 같이 각 과목의 ①구분별 득점과 구분별 득점을 합계한 ②총점을 통지하며, 이 두 가지 기준에 따라 합격 여부를 판정한다. 즉, 총점이 합격점 이상이고, 각 구분별 득점(과목별 점수)이 기준점 이상이어야 합격이 된다.

일반 수험자 합격 기준점

2016. 12월 시험 기준

레벨	합격점/만점	기준점		
		언어지식	독해	청해
N3	95점 / 180점	19점 / 60점	19점 / 60점	19점 / 60점

* 2016년 12월 시험에서는 총점으로는 95점, 기준점으로는 각각 19점이 모두 넘어야 합격이 되었다. 만약 한 과목이라도 19점을 넘기지 못하면 총점이 95점을 넘더라도 불합격이 된다. 이 점수는 매년 달라진다.

*A 씨의 성적표

① 구분별 득점			② 총점
언어지식	독해	청해	
55 / 60	30 / 60	15 / 60	100 / 180

불합격

* 총점은 100점으로 합격점은 충족하지만, 청해가 15점으로 기준점 19점을 넘지 못했다. 따라서 A 씨는 불합격이다.

*B 씨의 성적표

① 구분별 득점			② 총점
언어지식	독해	청해	
40 / 60	30 / 60	35 / 60	105 / 180

합격

* 총점은 105점으로 합격점을 충족하며, 구분별 득점도 모두 19점 이상이므로 B 씨는 합격이다.

5. 시험 내용 | 각 레벨의 인정 기준을 【읽기】, 【듣기】라는 언어행동으로 나타낸다. 각 레벨에는 이 언어행동을 실현하기 위한 언어지식이 필요하다.

레벨	구성 (항목 / 시간)		인정 기준
N1	언어지식 (문자·어휘·문법) 독해	110분	폭넓은 장면에서 사용되는 일본어를 이해할 수 있다. 【읽기】 • 폭넓은 화제의 신문 논설, 논평 등 논리적으로 약간 복잡한 문장이나 추상도가 높은 문장 등을 읽고, 문장의 구성이나 내용을 이해할 수 있다. • 다양한 화제의 깊이 있는 내용을 읽고, 이야기의 흐름이나 상세한 표현 의도를 이해할 수 있다. 【듣기】 • 폭넓은 장면에서 주고받은 자연스러운 속도의 정리된 회화나 뉴스, 강의를 듣고 이야기의 흐름이나 내용, 등장인물의 관계나 내용의 논리 구성 등을 상세하게 이해하거나 요지를 파악할 수 있다.
	청해	60분	
	계	170분	
N2	언어지식 (문자·어휘·문법) 독해	105분	일상적인 장면에서 사용되는 일본어의 이해에 더해, 보다 폭넓은 장면에서 사용되는 일본어를 어느 정도 이해할 수 있다. 【읽기】 • 폭넓은 화제의 신문이나 잡지의 기사·해설, 평이한 논평 등 요지가 명쾌한 문장을 읽고 문장의 내용을 이해할 수 있다. • 일반적인 화제에 관한 내용을 읽고, 이야기의 흐름이나 표현 의도를 이해할 수 있다. 【듣기】 • 일상적인 장면에 더해 폭넓은 장면에서, 비교적 자연스러운 속도의 정리된 회화나 뉴스를 듣고 이야기의 흐름이나 내용, 등장인물의 관계를 이해하거나 요지를 파악할 수 있다.
	청해	50분	
	계	155분	
N3	언어지식(문자·어휘)	105분	일상적인 장면에서 사용되는 일본어를 어느 정도 이해할 수 있다. 【읽기】 • 일상적인 화제에 대한 구체적인 내용의 문장을 읽고 이해할 수 있다. • 신문의 표제어 등에서 정보의 개요를 캐치할 수 있다. • 일상적인 장면에서 눈으로 보는 범위의 난이도가 약간 높은 문장은 대체 표현이 주어지면 요지를 이해할 수 있다. 【듣기】 • 일상적인 장면에서 비교적 자연스러운 속도의 정리된 회화를 듣고 이야기의 구체적인 내용을 등장인물의 관계 등과 맞춰서 대체로 이해할 수 있다.
	언어지식(문법)·독해		
	청해	40분	
	계	145분	
N4	언어지식(문자·어휘)	95분	기본적인 일본어를 이해할 수 있다. 【읽기】 • 기본적인 어휘나 한자로 이루어진 매우 일상적인 화제의 문장을 읽고 이해할 수 있다. 【듣기】 • 일상적인 장면에서 약간 천천히 이야기하는 대화라면 내용을 대체로 이해할 수 있다.
	언어지식(문법)·독해		
	청해	35분	
	계	130분	
N5	언어지식(문자·어휘)	80분	기본적인 일본어를 어느 정도 이해할 수 있다. 【읽기】 • 히라가나나 가타카나, 일상생활에서 사용되는 기본적인 한자로 이루어진 정형적 어구나 문장을 읽고 이해할 수 있다. 【듣기】 • 교실이나 신변적인 일상생활 중에서도 자주 접하는 장면에서 천천히 이야기하는 짧은 대화라면 필요한 정보를 파악할 수 있다.
	언어지식(문법)·독해		
	청해	30분	
	계	110분	

※ N3-N5의 경우, 1교시에 언어지식(문자·어휘)과 언어지식(문법)·독해가 연결실시됩니다.

6. 성적표 교부 | 합격자에 한해 교부되는 급수별「일본어 능력 인정서」와 함께 응시자 전원에게 합격·불합격의 결과를 알려 주는 통지서, 인정 결과 및 성적에 관한 증명서를 교부한다.

이 책의 구성 및 특징

이 책은 「JLPT(일본어 능력시험) N3 독해」 대비서로, 「언어지식(문법)·독해」 중 독해 파트에 해당되며 배점은 60점입니다. N3 독해 문제의 4가지 형태별로 「문제 유형 분석」과 「문제 풀이 비법」을 실어 처음 접하는 문제 형태에도 당황하지 않도록 배려하였으며, 문제 뒤에는 바로 해석과 해설을 실어 혼자서도 충분히 독해 파트를 공부할 수 있도록 하였습니다.

Part 1 유형별 독해 문제 공략하기

JLPT의 N3 독해 문제 유형은 내용 이해(단문, 중문, 장문), 정보 검색으로 총 4가지입니다. 각 유형 앞에는 「문제 유형 분석」과 「문제 풀이 비법」이 실려 있어 독해 유형과 풀이에 대한 길잡이로 삼을 수 있습니다. 단문은 16지문, 중문은 10지문, 장문과 정보 검색은 6지문으로 충분한 양의 지문을 통해 독해 파트를 대비할 수 있습니다. 또한 문제 뒤에는 바로 해석 및 해설을 실어 바로바로 확인할 수 있으며, 해설에는 단어 파트를 마련하여 어휘와 숙어, 묶어서 외우면 좋을 표현까지 모두 정리되어 있습니다.

Part 2 파이널 테스트

• 파이널 테스트

JLPT N3 독해 문제와 같은 형식의 파이널 테스트를 2회 수록하여 마무리 점검을 할 수 있도록 하였습니다.

• 파이널 테스트 정답 및 해설

파이널 테스트의 정답 및 해설을 자세히 수록하였습니다. 또한, 다락원 홈페이지(www.darakwon.co.kr) 자료실에 이 교재에 나온 모든 단어 및 표현을 해석과 함께 아이우에오 순으로 정리한 「N3 독해력을 UP시키는 어휘 1100」을 게재하여, 어휘력을 높일 수 있게 하였습니다. 다운로드 후 프린트해 주세요.

차례

머리말	003
JLPT(일본어 능력시험)에 대하여	004
이 책의 구성 및 특징	006
이 책의 사용법	008
독해 문제 유형 분석	010

Part 1 유형별 독해 문제 공략하기

1. **내용 이해 - 단문** 공략하기	014
2. **내용 이해 - 중문** 공략하기	047
3. **내용 이해 - 장문** 공략하기	089
4. **정보 검색** 공략하기	121

Part 2 파이널 테스트

1. 파이널 테스트 1~2회	147
2. 파이널 테스트 정답 및 해설	172

이 책의 사용법

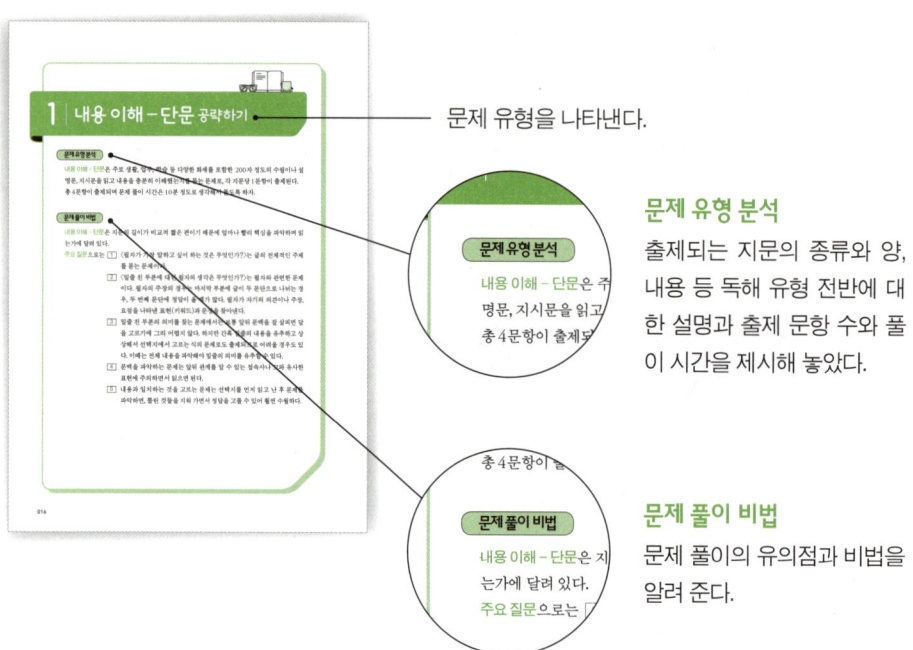

문제 유형 분석
출제되는 지문의 종류와 양, 내용 등 독해 유형 전반에 대한 설명과 출제 문항 수와 풀이 시간을 제시해 놓았다.

문제 풀이 비법
문제 풀이의 유의점과 비법을 알려 준다.

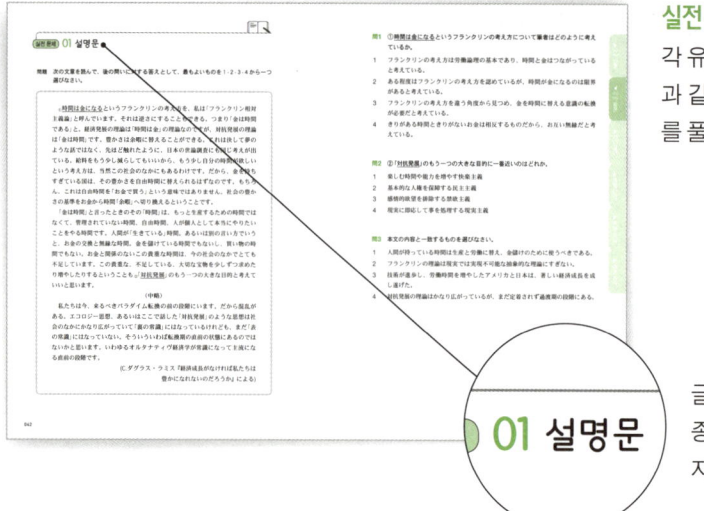

실전 문제
각 유형별 실전 문제이다. 실전과 같은 자세로 집중하여 문제를 풀어 보자.

글의 종류를 명시하여 어떤 종류의 글이 주로 등장하는지 알 수 있게 하였다.

해석 및 해설

문제를 풀면 다음 장에는 바로 해석 및 해설이 나와 있다. 지문에 대한 해석, 그리고 단어 및 묶어서 알아 두면 좋은 표현이 정리되어 있다. 또한 문제 해설에는 해석 뿐만 아니라 왜 정답이 되는지 자세히 설명해 두었다.

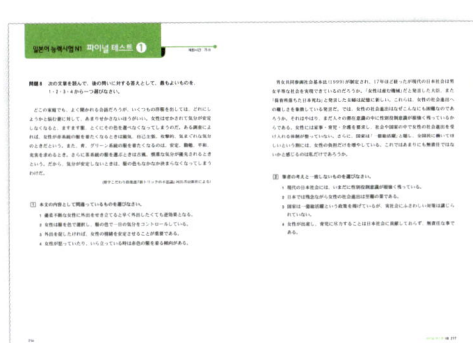

파이널 테스트

Part 2에는 N3 독해 파이널 테스트 2회분이 실려 있다. 학습을 끝낸 후, 마무리 테스트로 풀어 보자. 시간을 꼭 정해 놓고 풀어 보자.

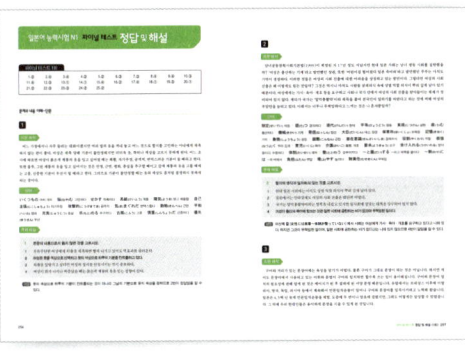

파이널 테스트 정답 및 해설

N3 독해 파이널 테스트에 대한 해석과 해설이 자세히 실려 있다.

어휘 1100

다락원 홈페이지 자료실에 교재에서 다룬 모든 단어를 히라가나 순으로 정리한 「N3 독해력을 UP시키는 어휘 1100」을 게재해 두었다. 꼭 다운로드 후 프린트하여 가지고 다니며 어휘력을 기르자.

독해 문제 유형 분석

지문 수로 보면 8지문, 문제 수는 16문제가 출제된다. 단문-중문-장문의 지문 비율이 4-2-2이며, 배점은 전체에서 1/3(60점)을 차지하는 등 독해는 그 비중이 상당히 크다.

지문의 종류

JLPT(일본어 능력시험)의 N3 독해 문제 유형은 내용 이해(단문, 중문, 장문), 정보 검색으로 총 4가지이다.

1. 내용 이해 - 단문

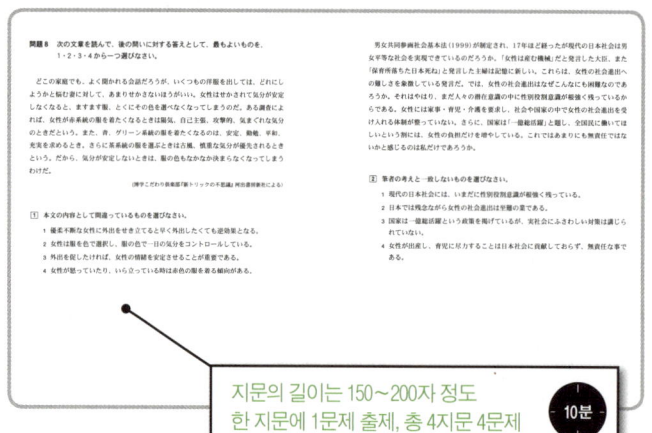

주로 생활, 업무, 학습 등 다양한 주제를 포함한 150~200자 정도의 설명문이나 지시문을 읽고 내용을 충분히 이해했는지를 묻는 문제로, 각 지문당 1문제가 출제된다. 총 4문제가 출제되며, 문제 풀이 시간은 10분 정도로 생각해서 푼다.

지문의 길이는 150~200자 정도
한 지문에 1문제 출제, 총 4지문 4문제
10분

2. 내용 이해 - 중문

해설문이나 수필 등 350자 정도의 글을 읽고 키워드나 인과관계, 개요, 이유, 필자의 생각 등을 이해할 수 있는지를 묻는다. 한 지문에 3문제가 출제되며, 총 6문제를 15분 정도로 생각해서 푼다.

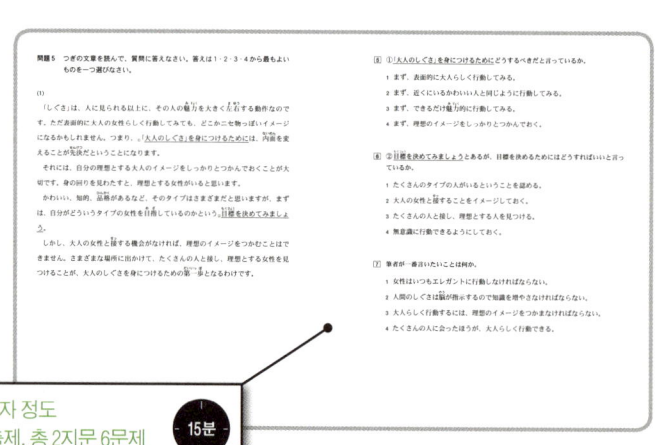

지문의 길이는 350자 정도
한 지문에 3문제 출제, 총 2지문 6문제
15분

3. 내용 이해 – 장문

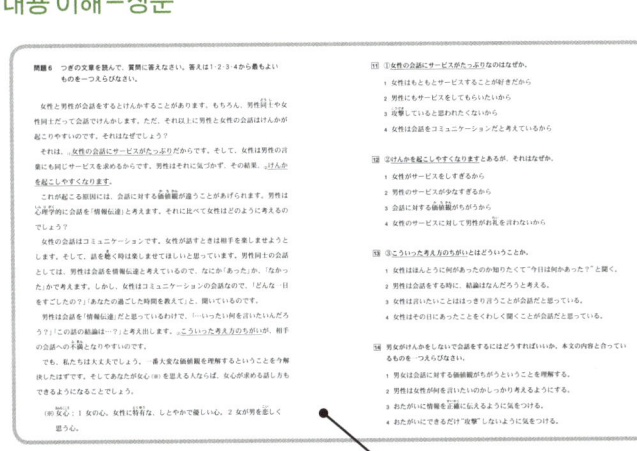

해설문, 수필, 편지 등 550자 정도의 글을 읽고 개요나 논리의 전개 등을 이해할 수 있는지를 묻는다. 한 지문에 4문제가 출제되며, 총 1지문에 4문제를 15분 정도로 생각해서 푼다.

지문의 길이는 550자 정도
한 지문에 4문제 출제, 총 1지문 4문제

4. 정보 검색

광고, 팸플릿, 정보지, 전단지, 비즈니스 문서 등의 정보 소재글 600자 정도 안에서 자신에게 필요한 정보를 찾아낼 수 있는지 묻는 문제이다. 예를 들어 영어 강좌 안내를 보고 조건에 맞는 정보를 찾아내는 등의 문제이다. 한 지문에 2문제가 출제되며, 문제 풀이 시간은 10분 정도로 잡는다.

지문의 길이는 550자 정도
한 지문에 2문제 출제, 총 1지문 2문제

문제의 유형

각 유형별로 질문의 형태에 특징이 있다.

1. 내용 이해 (단문·중문·장문)

❶ 필자 관련 문제

필자의 생각이나 주장 등을 묻는 문제이다. 필자의 주장의 경우, 글이 두 문단으로 나뉘는 경우, 두 번째 문단에 정답이 올 때가 많다. 필자가 자기의 의견이나 주장, 요점을 나타낸 표현(키워드)과 문장을 찾아낸다.

❷ 의미 파악 문제

밑줄 친 부분에 대한 의미를 찾는 문제로 앞뒤 문맥을 잘 살펴보고 밑줄 친 부분이 의미하는 내용을 선택지에서 찾는다. 비슷한 의미의 표현으로 바뀌어 나타나는 경우가 많다.

❸ 문맥 파악 문제

앞뒤 관계를 알 수 있는 접속사나 그와 유사한 표현에 주의하면서 읽는다.

❹ 전체적 내용 파악 문제

선택지를 먼저 읽고 난 후 문제를 파악하면 틀린 것들을 지워 가면서 정답을 고를 수 있어 훨씬 수월하다.

> **질문의 예시**
> 1. 필자가 여기서 가장 말하고 싶은 것은 무엇인가?
> 2. ~라고 필자가 생각하는 이유는 무엇인가?
> 3. ~라고 되어 있는데 이것은 무엇을 말하는 것인가?
> 4. ~라고 되어 있는데 필자의 생각에 가까운 것은 어느 것인가?
> 5. 여기서 ~란 무엇을 말한다고 생각되는가?
> 6. ~의 이유는 무엇인가?
> 7. ~은 무엇을 가리키는가?
> 8. 이 문장에서 알 수 있는 ~은 어떤 것인가?
> 9. 다음 중 본문의 내용과 맞지 않는 것은 어느 것인가?

2. 정보 검색

❶ 내용 검색 문제

질문을 보고 필요한 정보가 지문 전체 중 어느 부분에 쓰여 있는지 찾는다. 정보 소재 중에서 하나의 기본이 되는 조건을 정하고 나서 하나씩 체크해 가면서 파악하는 것이 중요하다.

> **질문의 예시**
> 1. ~에서 ~할 수 있는 ~은 몇 개인가?
> 2. ~상황에서 ~할 수 있는 것은 어느 것인가?
> 3. ~에서 요구하는 조건을 충족시키고 있는 것은 어느 것인가?

점수를 UP시키는
N3 독해

Part 1

유형별 독해 문제 공략하기

1. 내용 이해-단문 공략하기
2. 내용 이해-중문 공략하기
3. 내용 이해-장문 공략하기
4. 정보 검색 공략하기

1 | 내용 이해 – 단문 공략하기

> **문제 유형 분석**

내용 이해 – 단문은 주로 생활, 업무, 학습 등 다양한 화제를 포함한 설명문이나 지시문 등 150~200자 정도의 글을 읽고 내용을 충분히 이해했는지를 묻는다. 각 지문당 1문항이 출제된다. 총 4문항이 출제되며 문제 풀이 시간은 10분 정도로 생각해서 풀도록 하자.

> **문제 풀이 비법**

내용 이해 – 단문은 지문의 길이가 비교적 짧은 편이기 때문에 얼마나 빨리 핵심을 파악하며 읽느냐가 중요하다.

주요 질문으로는

1. 단문 독해는 짧지만 시간 분배가 중요하다. 처음부터 어려운 문제가 출제되어 필요 이상으로 시간을 허비할 수도 있기 때문에 선택지를 꼼꼼히 읽어서 득점할 기회를 잃지 않도록 하자.
2. 〈필자가 가장 말하고 싶어 하는 것은 무엇인가?〉, 〈밑줄 친 부분에 대한 필자의 생각은 무엇인가?〉 등 필자와 관련한 문제가 출제 된다. 필자의 주장은 마지막 부분에 글이 두 문단으로 나뉘는 경우에는 두 번째 문단에 정답이 올 때가 많다. 필자가 자기의 의견이나 주장, 요점을 나타낸 표현(키워드)과 문장을 찾아낸다.
3. 밑줄 친 부분에 대한 의미를 찾는 문제에서는 보통 앞뒤 문맥을 잘 살피면 쉽게 정답을 찾을 수 있다. 하지만 간혹 밑줄의 내용을 유추하고 상상하여 선택지에서 고르는 식의 다소 어려운 문제가 출제되기도 하는데, 이때는 전체 내용을 파악해야 밑줄의 의미를 유추할 수 있다.
4. 문맥을 파악하는 문제는 앞뒤 관계를 알 수 있는 접속사나 그와 유사한 표현에 주의하면서 읽으면 된다.
5. 내용에 맞는 것을 고르는 문제는, 선택지를 먼저 읽고 난 후 문제를 파악하면 틀린 것을 지워 가면서 정답을 고를 수 있어 훨씬 수월하다.

실전 문제 01 서간문

問題　つぎの文章を読んで、質問に答えなさい。答えは、1・2・3・4から最もよいものを一つえらびなさい。

SD株式会社

藤田様

いつもお世話になっております。

当社ではお客様の満足度向上を目的とした業務改善を行うためにアンケート調査を実施しております。当社のサービスチームへお問い合わせいただいたお客様の意見を基にして、より良いサービスをご提供できるように努力して参ります。お送りした「亀田満足度調査」の質問にご意見を書いていただき、ご返信ください。お忙しいところ、大変申し訳ございませんが、ご協力お願いいたします。なお、これからこのようなメールを受信されたくない方もご返信お願いいたします。

亀田株式会社

サービスチーム岡田

問　メールの内容として合っていないものを選びなさい。

1　二度とメールを受けたくない人は「送らないでほしい」と返信する。

2　アンケート調査には誰でも参加できる。

3　アンケート調査の目的はサービス向上である。

4　サービスにどれだけ満足したかを調べようとしている。

해석 및 해설 01 서간문

지문 해석

SD주식회사
후지타 님

늘 신세지고 있습니다.
  당사에서는 고객님의 만족도 향상을 목적으로 한 업무 개선을 하기 위해서 설문 조사를 실시하고 있습니다. 당사의 서비스 팀에 문의해 주신 고객님의 의견을 토대로 보다 나은 서비스를 제공하도록 노력해 나가겠습니다. 보내 드린 '가메다 만족도 조사'의 질문에 의견을 적어 답신해 주시기 바랍니다. 바쁘신 중에 대단히 죄송스럽지만, 협력 부탁드립니다. 또한 향후 이러한 메일을 받고 싶지 않으신 분도 답신 부탁드립니다.

가메다 주식회사
서비스 팀 오카다

단어

株式会社(かぶしきがいしゃ) 주식회사 | **お世話**(せわ)になる 신세지다 | **当社**(とうしゃ) 당사 | **満足度**(まんぞくど) 만족도 | **向上**(こうじょう) 향상 | **目的**(もくてき) 목적 | **業務改善**(ぎょうむかいぜん) 업무 개선 | **行**(おこな)う 행하다 | **アンケート** 앙케트, 설문 | **調査**(ちょうさ) 조사 | **実施**(じっし) 실시 | **お問**(と)**い合**(あ)**わせ** 문의 | **~を基**(もと)**にして** ~을 토대로 하여 | **提供**(ていきょう) 제공 | **努力**(どりょく) 노력 | **参**(まい)る 가다, 오다(겸양어) | **お送**(おく)**りする** 보내다(겸양 표현) | **返信**(へんしん) 답신 | **お忙**(いそが)**しいところ** 바쁘신 중에 | **協力**(きょうりょく) 협력 | **なお** 또한 | **受信**(じゅしん) 수신 | **誰**(だれ)**でも** 누구든지, 누구나 | **参加**(さんか) 참가

문제 해설

문 메일의 내용으로 일치하지 않는 것을 고르시오.
1 두 번 다시 메일을 받고 싶지 않은 사람은 '보내지 마세요'라고 답신한다.
2 설문 조사에는 누구든 참가할 수 있다.
3 설문 조사의 목적은 서비스 향상이다.
4 서비스에 얼마나 만족했는지를 조사하려고 하고 있다.

해설 본문 셋째 줄 [当社のサービスチームへお問い合わせいただいたお客様の意見を基にして]의 부분을 보면 설문 조사 대상자는 이 회사의 서비스 팀에 문의한 사람에 한한다는 것을 알 수 있다. 그러므로 2번이 정답이 된다.

실전 문제 02 수필문

問題　つぎの文章を読んで、質問に答えなさい。答えは、1・2・3・4から最もよいものを一つえらびなさい。

　最近パワハラが原因で仕事をやめさせられたり、うつ病を発症したり、それにたえられず自殺したりするニュースをよく耳にします。パワハラとはパワーハラスメントを略した言葉で同じ職場で働く人に対して職務上の地位を利用し、適当な範囲を超えて精神的・身体的に苦痛を与えることです。よくあるパターンとしては精神的攻撃です。「死ね」とか「給料どろぼう」のような暴言を言ったり(※)怒鳴ったりする場合です。次に殴ったり叩いたり物をぶつけたりする身体的攻撃もよくあるパターンです。こういういやがらせの他にも人間関係から切り離したり、ハードルの高い仕事を任せたり、逆にコピーや掃除など難易度の低い仕事ばかりやらせるのもパワハラにあてはまります。

　(※)怒鳴る：大きな声を出して呼ぶ。声高にしかりつける。

問　パワハラの例として合っていないものを選びなさい。

1　頭を打ったり、書類とかを投げたりする。
2　飲み会や送別会に出席させない。
3　給与をさくげんする。
4　達成不可能な仕事をさせる。

> 해석 및 해설 02 수필문

지문 해석

　최근 파워하라가 원인으로 어쩔 수 없이 회사를 그만두거나 우울증이 발병하거나, 그것을 견뎌내지 못해서 자살하는 뉴스를 자주 듣습니다. 파워하라는 파워 해러스먼트를 줄인 단어로, 같은 직장에서 일하는 사람에게 직무상의 지위를 이용해 적당한 범위를 넘어서 정신적·신체적인 고통을 주는 것입니다. 자주 있는 패턴으로는 정신적 공격입니다. '죽어'라든가 '월급 도둑'과 같은 폭언을 퍼붓거나 (※)고함치는 경우입니다. 다음으로 때리거나 치거나 물건을 던지는 신체적 공격도 자주 있는 패턴입니다. 이러한 괴롭힘 외에도 인간관계로부터 소외시키거나 달성하기 힘든 일을 맡기거나 반대로 복사나 청소 등 난이도가 낮은 일만 시키는 것도 파워하라에 해당됩니다.

　(※) 고함치다: 큰소리로 부르다. 큰소리로 꾸짖다.

단어

パワハラ 파워 해러스먼트의 축약형 | 原因(げんいん) 원인 | うつ病(びょう) 우울증 | 発症(はっしょう) 발병 | たえられず 참을 수 없어서 | 自殺(じさつ) 자살 | 耳(みみ)にする 듣다 | 略(りゃく)する 줄이다, 축약하다 | 職場(しょくば) 직장 | ~に対(たい)して ~을 대상으로 | 職務上(しょくむじょう) 직무상 | 地位(ちい) 지위 | 利用(りよう) 이용 | 適当(てきとう) 적당 | 範囲(はんい) 범위 | 超(こ)える 초과하다 | 精神的(せいしんてき) 정신적 | 身体的(しんたいてき) 신체적 | 苦痛(くつう) 고통 | 与(あた)える 주다 | 暴言(ぼうげん) 폭언 | 怒鳴(どな)る 고함치다 | 殴(なぐ)る 때리다 | 叩(たた)く 치다 | ぶつける 던지다 | いやがらせ 괴롭힘 | 人間関係(にんげんかんけい) 인간관계 | 切(き)り離(はな)す 떼내다 | ハードルが高(たか)い 뛰어넘어야 할 장애가 크다, 곤란하다 | 任(まか)せる 맡기다 | 逆(ぎゃく)に 반대로 | 掃除(そうじ) 청소 | 難易度(なんいど) 난이도 | あてはまる 해당되다, 들어맞다 | 飲(の)み会(かい) 술 모임 | 送別会(そうべつかい) 송별회 | 給与(きゅうよ) 급여 | さくげん 삭감 | 達成(たっせい) 달성

문제 해설

> 문 파워하라의 예로서 일치하지 않는 것을 고르시오.
> 1 머리를 치거나 서류 등을 던지거나 한다.
> 2 회식이나 송별회에 참석시키지 않는다.
> **3 급여를 삭감한다.**
> 4 달성 불가능한 일을 시킨다.

해설　때리거나 물건을 던지는 신체적 공격, 인간관계로부터 소외시키는 것, 달성하기 힘든 일을 시키거나 반대로 쉬운 일만 시키는 것 모두 파워하라에 해당된다고 본문에 나와 있다. 급여를 삭감한다는 내용은 나와 있지 않으므로 3번이 정답이 된다.

실전 문제 03 수필문

問題　つぎの文章を読んで、質問に答えなさい。答えは、1・2・3・4から最もよいものを一つえらびなさい。

　最近では男性向けの化粧品が増えてきていて、薬局でメンズ用のファンデーションなどをよく見かける。芸能人に限らず、一般社員や大学生も肌をよく見せるためにメイクをしている。20代から60代の女性たちに「男性も化粧をしてもいいと思いますか」と聞いたところ、約半数の女性が「はい」と答えた。さらに、年代別に見てみると、20代は62.3％、30代は51.3％と若い年代では男性も化粧してもいいと思っている人の割合は半数以上ということが分かった。それに対し、60代で「はい」と答えたのは30％にとどまっていて、やはり化粧する男性に抵抗感があるようだ。男性の場合、化粧といっても女性のようにマスカラやアイライナーをしたり、口紅をぬったりするものではなく、主に肌をきれいに見せるスキンケアが目的だから批判されることもないと思う。

問　本文の内容として合っているものを選びなさい。

1　最近、薬局では女性用の化粧品より男性用の化粧品がよく売れている。
2　芸能人以外は化粧する男性を見かけることができない。
3　約50％の女性が男性も化粧をしてもいいと答えた。
4　お年寄りの約半数は男性も化粧してもいいと思っている。

해석 및 해설 　03 수필문

지문 해석

　최근에는 남성용 화장품이 늘어서 약국에서 남성용 파운데이션 등을 자주 볼 수 있다. 연예인뿐만 아니라, 일반 사원이나 대학생도 피부를 좋게 보이기 위해 메이크업을 하고 있다. 20~60대 여성들에게 '남성도 화장해도 괜찮다고 생각합니까?'라고 물었더니, 약 절반의 여성이 '네'라고 대답했다. 게다가 연령별로 보면 20대는 62.3%, 30대는 51.3%로 젊은 세대에서는 남성도 화장해도 괜찮다고 생각하는 사람의 비율이 약 절반 이상이라는 것을 알 수 있었다. 그것에 비해, 60대에서 '네'라고 대답한 것은 30%에 그쳤고 역시 화장하는 남성에게 거부감이 있는 것 같다. 남성의 경우, 화장이라고 해도 여성처럼 마스카라나 아이라이너를 하거나 립스틱을 바르는 것이 아니라, 주로 피부를 좋게 연출하기 위한 스킨 케어가 목적이므로 비판 받을 일도 아니라고 생각한다.

단어

~向(む)け ~용 | 化粧品(けしょうひん) 화장품 | 薬局(やっきょく) 약국 | メンズ用(よう) 남성용 | 芸能人(げいのうじん) 연예인 | ~に限(かぎ)らず ~에 한하지 않고 | 一般社員(いっぱんしゃいん) 일반 사원 | 肌(はだ) 피부 | ~たところ ~했더니, ~해 본 바 | さらに 게다가 | 年代別(ねんだいべつ) 연령별 | 割合(わりあい) 비율 | ~に対(たい)し ~에 비해 | とどまる 그치다 | 抵抗感(ていこうかん) 저항감, 거부감 | 口紅(くちべに)をぬる 립스틱을 바르다 | 主(おも)に 주로 | 目的(もくてき) 목적 | 批判(ひはん) 비판 | お年寄(としよ)り 노인, 어르신

문제 해설

문 본문의 내용으로 맞는 것을 고르시오.
1　최근 약국에서는 여성용 화장품보다 남성용 화장품이 잘 팔리고 있다.
2　연예인 외에는 화장하는 남성을 볼 수 없다.
3　약 50%의 여성이 남성도 화장해도 괜찮다고 대답했다.
4　노인의 약 절반 이상은 남성도 화장해도 괜찮다고 생각하고 있다.

해설 지문 셋째 줄 [20代から60代の女性たちに~約半数の女性は「はい」と答えた] 부분을 보면, 50%의 여성이 남성도 화장해도 괜찮다고 대답하였다. 그러므로 3번이 정답이 된다.

실전 문제 04 설명문

問題 つぎの文章を読んで、質問に答えなさい。答えは、1・2・3・4から最もよいものを一つえらびなさい。

「自尊感情」とは、自分自身に対してどう感じているかということである。「自分は価値がある」と肯定的な評価をしている場合は自尊感情が高く、「自分はだめだ」と否定的な評価をしている場合は自尊感情が低いと見なされる。本当の意味で「自尊感情が高い」ということは「自分はこれでいい」と思うことであり、自分が不完全であってもそれでいいと思い、他の人より優れている必要はない。どんな自分であっても「価値がある」と思えることが重要である。この自尊感情はあるがままの自分を受け入れられるという意味で「自己受容」と呼ばれることもある。

東海大学留学生教育センター『日本語教育法概論』

問 本文の内容と一致しないものはどれか。

1 自分をポジティブに評価している人は自尊感情が高い。
2 ありのままの自分を受け入れることがもっとも自尊感情が高い人だと言える。
3 「自分はだめだ」と否定的な気持ちになったときこそ自分を見つめ直す良い機会になる。
4 他人と比べるよりは自分の価値を認めることが重要である。

> 해석 및 해설 **04 설명문**

> 지문 해석

　'자존 감정'이란 자기 자신에 대해 어떻게 느끼고 있는가 하는 것이다. '자신은 가치가 있다'고 긍정적인 평가를 하고 있는 경우는 자존 감정이 높고, '자신은 안 된다'고 부정적인 평가를 하고 있는 경우는 자존 감정이 낮다고 간주된다. 진정한 의미의 '자존 감정이 높다'는 것은 '자신은 이대로 괜찮다'고 생각하는 것이고 자신이 불완전하더라도 그것으로 됐다고 생각하며 다른 사람보다 뛰어날 필요는 없다. 자기가 어떻든 '가치가 있다'고 생각할 수 있는 것이 중요하다. 이러한 자존 감정은 있는 그대로의 자신을 받아들일 수 있다는 의미에서 '자기 수용'이라고 불리기도 한다.

> 단어

自尊感情(じそんかんじょう) 자존 감정 ｜ **～に対**(たい)**して** ~에 대해 ｜ **価値**(かち) 가치 ｜ **肯定的**(こうていてき)**な** 긍정적인 ｜ **評価**(ひょうか) 평가 ｜ **場合**(ばあい) 경우 ｜ **否定的**(ひていてき)**な** 부정적인 ｜ **見**(み)**なされる** 간주되다 ｜ **不完全**(ふかんぜん) 불완전 ｜ **優**(すぐ)**れる** 우수하다 ｜ **あるがまま** 있는 그대로 ｜ **受**(う)**け入**(い)**れる** 받아들이다 ｜ **自己受容**(じこじゅよう) 자기 수용 ｜ **ありのままの** 있는 그대로의 ｜ **見**(み)**つめ直**(なお)**す** 다시 들여다보다 ｜ **他人**(たにん) 타인 ｜ **認**(みと)**める** 인정하다

> 문제 해설

문 본문의 내용과 일치하지 않는 것은 무엇인가?
1　자신을 긍정적으로 평가하고 있는 사람은 자존 감정이 높다.
2　있는 그대로의 자신을 받아들이는 것이 가장 자존 감정이 높은 사람이라고 할 수 있다.
3　'자신은 안 된다'고 부정적인 기분이 되었을 때야말로 자신을 다시 들여다볼 수 있는 좋은 기회가 된다.
4　타인과 비교하기보다는 자신의 가치를 인정하는 것이 중요하다.

해설 '자신은 안 된다'고 부정적인 평가를 하고 있는 경우는 자존 감정이 낮다고 언급했을 뿐 자신을 들여다볼 기회라고는 말하지 않았으므로 정답은 3번이 된다.

실전 문제 05 수필문

問題　つぎの文章を読んで、質問に答えなさい。答えは、1・2・3・4から最もよいものを一つえらびなさい。

> 　昔の日本人は戦争が嫌いで抵抗していたのだろうか。いろいろなところから戦争を支える国民の様子が見られるので必ずしもそうだったとは言いにくい。女性も様々な形で戦争に協力していた。兵士を励ます役割を持っていた国防婦人会は会員一千万人をこえ、戦争においても女性が無視できない存在であることを示した。また国民の身近な存在であるマスコミも戦争をほめたたえていた。関東大震災やアメリカの経済がだめになるなど、経済的に大困難であった日本は、マスコミを通じて不況から脱出できる手段は戦争だと国民の心を動かし、多くの人は戦争は正しいと思っていた。

問　筆者が最も言いたいことは何か。

1　戦争に抵抗する人々が多く、デモが続いた。
2　戦争と不況は深く関わり、国民は様々な形で戦争に協力していた。
3　新聞を売るために、マスコミは戦争を支持した。
4　日本は戦争により経済不況から脱出できた。

해석 및 해설 05 수필문

지문 해석

　예전의 일본인은 전쟁을 싫어해서 저항했을까? 여러 곳에서 전쟁을 지지하는 국민의 모습이 보여지기에 꼭 그렇다고 말하기는 어렵다. 여성도 여러 형태로 전쟁에 협력했다. 병사를 격려하는 역할을 맡고 있었던 국방부인회는 회원 천만 명을 넘었고 전쟁에 있어서도 여성이 무시할 수 없는 존재인 것을 보여 줬다. 또 국민과 가까운 존재인 매스컴도 전쟁을 칭송했다. 관동대지진과 미국의 경제 파탄 등 경제적으로 매우 어려웠던 일본은 매스컴을 통해 불황에서 탈출할 수 있는 수단은 전쟁이라고 국민의 마음을 선동하여 많은 사람들이 전쟁은 정당하다고 생각했다.

단어

戦争(せんそう) 전쟁 | 嫌(きら)いだ 싫어하다 | 抵抗(ていこう)する 저항하다 | 支(ささ)える 떠받치다, 지탱하다 | 様子(ようす) 모습 | 様々(さまざま)な 여러 가지(의), 다양한 | 協力(きょうりょく) 협력 | 兵士(へいし) 병사 | 励(はげ)ます 격려하다 | 役割(やくわり)を持(も)つ 역할을 맡다 | 国防婦人会(こくぼうふじんかい) 국방부인회 | 会員(かいいん) 회원 | 存在(そんざい) 존재 | 示(しめ)す 보이다 | 身近(みぢか)な 가까운 | ほめたたえる 칭송하다 | 関東大震災(かんとうだいしんさい) 관동대지진 | 経済(けいざい) 경제 | 大困難(だいこんなん) 매우 어려움 | 〜を通(つう)じて 〜을 통해서 | 不況(ふきょう) 불황 | 脱出(だっしゅつ) 탈출 | 手段(しゅだん) 수단 | 動(うご)かす 움직이다 | 続(つづ)く 계속되다 | 関(かか)わる 관계가 있다 | 形(かたち) 형태, 모양 | 支持(しじ)する 지지하다

문제 해설

> 문　필자가 가장 하고 싶은 말은 무엇인가?
> 1　전쟁에 저항하는 사람이 많아서 데모가 계속됐다.
> **2　전쟁과 불황은 깊게 관련되어 있어 국민은 여러 형태로 전쟁에 협력했다.**
> 3　신문을 팔기 위해서 매스컴은 전쟁을 지지했다.
> 4　일본은 전쟁에 의해 경제 불황에서 탈출할 수 있었다.

해설 일본 국민들이 여러 형태로 전쟁에 협력했다는 내용과 경제적 혼란으로부터 벗어나기 위해 전쟁은 정당한 것으로 생각했다고 했으므로 2번이 정답임을 알 수 있다.

실전 문제 06 기사문

問題 つぎの文章を読んで、質問に答えなさい。答えは、1・2・3・4から最もよいものを一つえらびなさい。

　住んでるマンションの管理総合理事(かんりそうごうりじ)をやってるんですが、先日の住民総会で、小学生の親から提案がありました。「知らない人にあいさつされたら逃げるように教えているので、マンション内ではあいさつをしないように決めてください」。子どもにはどの人がマンションの人かどうかは判断できない。教育上困ります、とも。すると年配の方から、「あいさつをしてもあいさつが返ってこないので気分が悪かった。お互いにやめましょう」と、意見が一致してしまいました。その告知を出すのですが、世の中変わったな、と理解に苦しんでいます。

神戸新聞　2016年11月4日

問　下線の理解に苦しんでいますの理由として適切なものを選びなさい。

1　マンション内であいさつを禁止するのは、防犯とは関係がないから
2　「マンション内あいさつ禁止」について賛成すべきか、反対すべきか決められないから
3　近所との付き合い方が昔と変わって、それを受け入れるのが大変だから
4　最近の若い親達の礼儀のなさにあきれてしまったから

해석 및 해설 06 기사문

지문 해석

살고 있는 맨션의 관리종합이사를 하고 있는데 지난 주민 총회에서 초등학생 부모로부터 제안이 있었습니다. '모르는 사람이 인사하면 도망가라고 가르치고 있으니까 맨션 안에서 인사하지 않도록 정해 주세요'. 아이는 누가 맨션 사람인지 판단할 수 없다. 교육상 곤란합니다다라며. 그랬더니 어르신께서 '인사를 해도 인사가 돌아오지 않아 기분이 나빴다. 서로 그만둡시다'라고 의견이 일치했습니다. 그런 통지를 해야 하는데 세상이 바뀌었구나 하는 생각에 <u>이해하기 힘듭니다</u>.

단어

管理総合理事(かんりそうごうりじ) 관리종합이사 | **先日**(せんじつ) 일전 | **住民**(じゅうみん) 주민 | **総会**(そうかい) 총회 | **提案**(ていあん) 제안 | **逃**(に)**げる** 도망치다 | **判断**(はんだん) 판단 | **教育上**(きょういくじょう) 교육상 | **困**(こま)**る** 난처해지다 | **年配**(ねんぱい) 지긋한 나이 | **返**(かえ)**ってこない** 돌아오지 않다 | **意見**(いけん) 의견 | **一致**(いっち)**する** 일치하다 | **告知**(こくち) 통지 | **出**(だ)**す** 내다 | **世**(よ)**の中**(なか) 세상 | **理解**(りかい)**に苦**(くる)**しむ** 이해하기 힘들다 | **禁止**(きんし) 금지 | **防犯**(ぼうはん) 방범 | **賛成**(さんせい)**する** 찬성하다 | **～べき** ～해야 함, ～하는 것이 마땅함 | **反対**(はんたい)**する** 반대하다 | **近所**(きんじょ) 근처, 이웃 | **付**(つ)**き合**(あ)**う** 사귀다, 교제하다 | **昔**(むかし) 옛날 | **変**(か)**わる** 변하다 | **受**(う)**け入**(い)**れる** 받아들이다 | **大変**(たいへん)**だ** 힘들다 | **最近**(さいきん) 최근, 요즘 | **親達**(おやたち) 부모들 | **礼儀**(れいぎ) 예의 | **あきれる** 놀라다, 어이없다, 질리다

문제 해설

문 밑줄 친 곳, 이해하기 힘듭니다의 이유로 적절한 것을 고르시오.
1. 맨션 안에서 인사를 금지하는 것은 방범과 관련이 없기 때문에
2. '맨션 내 인사 금지'에 대해 찬성해야 할지 반대해야 할지 정할 수 없기 때문에
3. 이웃과의 교류 방식이 예전과 바뀌어서 그것을 받아들이는 것이 힘들기 때문에
4. 요즘 젊은 부모들이 예의가 없는 것이 어이가 없기 때문에

해설 요즘 부모들은 안전상의 이유로 아이들에게 모르는 사람에게는 인사를 하지 말라고 시키고 있고 어르신들도 인사 문제로 인해 기분 나빠하기 때문에 서로 인사하지 말자는 통지를 해야 하는 상황이다. 필자는 그런 통지를 해야 하는 상황을 보며 많이 달라진 세상이 이해하기 힘들다고 말하고 있다. 그러므로 정답은 3번이다.

실전 문제 07 기사문

問題 つぎの文章を読んで、質問に答えなさい。答えは、1・2・3・4から最もよいものを一つえらびなさい。

道路などの公共の場所での喫煙(※1)により、歩行者がやけど(※2)をしたりすることが社会問題となっている中、ミドリ市は、路上喫煙による被害から市民の安全を守り、安心して生活できる地域社会を実現するため、新しいルールを作った。そのルールでは、次のようなことを禁止している。1．歩きたばこ、2．灰皿のない場所で喫煙すること、3．喫煙禁止区域で火のついたたばこを持つこと、である。違反者には、罰金を払わせることもあるそうだ。

(※1)喫煙：タバコをすうこと
(※2)やけど：火などに皮膚がふれて傷つくこと

問 この新しいルールについて、正しいのはどれか。

1 歩行者がやけどをしない場合は、罰金は払わせない。
2 道を歩きながら、たばこを吸ってはいけない。
3 公共の場所以外のところでは喫煙してもかまわない。
4 喫煙禁止区域以外のところで喫煙する場合は灰皿がなくてもかまわない。

해석 및 해설 07 기사문

지문 해석

　도로 등 공공장소에서의 흡연(※1)으로 보행자가 화상(※2)을 입는 일이 사회문제가 되고 있는 가운데, 미도리시는 노상 흡연에 따른 피해로부터 시민의 안전을 지키고, 안심하고 생활할 수 있는 지역사회를 실현하기 위해 새로운 규정을 만들었다. 그 규정은 다음과 같은 사항을 금지하고 있다. 1. 보행 중 흡연 2. 재떨이가 없는 장소에서 흡연하는 것 3. 흡연 금지 구역에서 불이 붙은 담배를 들고 있는 것이 그것이다. 위반자에게는 벌금을 부과하는 일도 있다고 한다.

　(※1) 흡연 : 담배를 피우는 것
　(※2) 화상 : 불 등에 피부가 닿아 상처입는 것

단어

公共(こうきょう) 공공 | 喫煙(きつえん) 흡연 | やけどをする 화상을 입다 | 路上(ろじょう) 노상, 길 위 | 被害(ひがい) 피해 | 安全(あんぜん)を守(まも)る 안전을 지키다 | 地域(ちいき) 지역 | ～ため(に) ～하기 위해서 | ルール 룰, 규정 | 禁止(きんし) 금지 | 歩(ある)きたばこ 걸어다니면서 담배를 피우는 것, 보행 중 흡연 | 灰皿(はいざら) 재떨이 | 区域(くいき) 구역 | 火(ひ)がつく 불이 붙다 | 違反者(いはんしゃ) 위반자 | 罰金(ばっきん)を払(はら)う 벌금을 내다 | 동사 기본형 + そうだ ～라고 한다 (전문) | ～てはいけない ～해서는 안 된다 | ～てもかまわない ～해도 상관없다

문제 해설

문 이 새로운 규정에 대해 올바른 것은 어느 것인가?
1 보행자가 화상을 입지 않은 경우에는 벌금은 부과할 수 없다.
2 길을 걸으면서 담배를 피워서는 안 된다.
3 공공 장소 이외의 곳에서는 흡연해도 상관 없다.
4 흡연 금지 구역 이외의 곳에서 흡연하는 경우에는 재떨이가 없어도 상관없다.

해설 1번, 보행자가 화상을 입었는지의 여부는 새로운 규정 사항에 해당되지 않으므로, 답이 아니다. 2번, 본문 다섯 번째 줄의 [1. 歩きたばこ]로부터, 걸으면서 담배를 피우는 것이 새로운 규정의 금지 사항이라는 것을 알 수 있으므로 정답이다. 3번, 이 지문은 공공장소에서의 흡연으로 인한 문제를 제기하고 그 문제를 해결하기 위한 방안으로 새로운 규정을 만든 것이다. 즉, 흡연에 대해 금지 사항은 제시되어 있지만 흡연의 허용에 대해서는 전혀 언급이 없으므로 답이 아니다. 4번, 본문에서 [2 灰皿のない場所で喫煙すること、3. 喫煙禁止区域で火のついたたばこを持つこと] 모두를 금지하고 있으므로 답이 아니다.

실전 문제 08 수필문

問題　つぎの文章を読んで、質問に答えなさい。答えは、1・2・3・4から最もよいものを一つえらびなさい。

「意見を言わずにとにかく聞く」というのは、言い換えれば「事実認定」と「価値判断」を分離することなのです。相手があることを言っているという事実を尊重するということです。価値判断(それはよい、わるい、私もそう思う、自分はそう思わない)というのはいつでもできます。でも、相手が話しているという今の事実、今の経験は今尊重するしかないです。その態度が相手と自分の人間関係をよくするのです。

問　筆者は相手と自分の人間関係をよくするために、どうすればいいと言っているか。

1　相手の話に対する価値判断は後にして、まず言っていることを聞くこと
2　相手の話に対する事実認定は後にして、まず自分の意見を言うこと
3　相手があることについて言うとき、事実認定と価値判断を分離しないこと
4　相手があることについて言うとき、価値判断をしながら聞くこと

해석 및 해설 08 수필문

지문 해석

'의견을 말하지 않고 어쨌든 듣는다'라는 것은, 바꿔 말하면 '사실인정'과 '가치판단'을 분리하는 것입니다. 상대가 무언가를 말하고 있다는 사실을 존중한다는 것입니다. 가치판단(그것은 좋다, 나쁘다, 나도 그렇게 생각한다, 나는 그렇게 생각하지 않는다)이라는 것은 언제든지 할 수 있습니다. 그러나 상대가 이야기하고 있다는 지금의 사실, 지금의 경험은 지금 존중할 수밖에 없습니다. 그 태도가 <u>상대와 자신의 인간관계를 좋게 하</u>는 것입니다.

단어

~ずに ~하지 않고 | とにかく 아무튼, 어쨌든 | ~というのは ~라는 것은, ~란 | 言(い)い換(か)える 바꿔 말하다 | 認定(にんてい) 인정 | 価値(かち) 가치 | 判断(はんだん) 판단 | 分離(ぶんり)する 분리하다 | 尊重(そんちょう)する 존중하다 | 経験(けいけん) 경험 | ~しかない ~할 수밖에 없다 | 態度(たいど) 태도 | 人間関係(にんげんかんけい) 인간관계 | 後(あと)にする 나중으로 하다 | ~について ~에 대해서

문제 해설

문 필자는 <u>상대와 자신의 인간관계를 좋게 하기</u> 위해서 어떻게 하면 된다고 말하고 있는가?

1 상대의 말에 대한 가치판단은 나중에 하고, 우선 말하는 것을 듣는 것
2 상대의 말에 대한 사실인정은 나중에 하고, 우선 자신의 의견을 말하는 것
3 상대가 어떤 일에 대해 말할 때 사실인정과 가치판단을 분리하지 않는 것
4 상대가 어떤 일에 대해 말할 때 가치판단을 하면서 듣는 것

해설 해당 문제 부분의 앞부분인 [価値判断[생략]というのはいつでもできます。でも、相手が話しているという今の事実、今の経験は今尊重するしかないです]를 두고 분석해 보자. 가치판단이 언제든지 가능하다는 것은 나중에 해도 무관하다는 말이다. 그리고 상대가 말하고 있는 사실을 존중한다는 것은 그 사람이 말하는 것을 우선 경청한다는 뜻이므로, 1번이 답임을 알 수 있다.

실전 문제 09 수필문

問題　つぎの文章を読んで、質問に答えなさい。答えは、1・2・3・4から最もよいものを一つえらびなさい。

　　最近の夢研究では自分の見たい夢を見ることによって、幸福(こうふく)を追求(ついきゅう)しようとする動きがあるようです。夢は浅い眠りの間に見るもので、その時、体は眠っていても脳(のう)は起きていて見る夢に現実と同じように反応(はんのう)しているそうです。

　　そこで見る夢は現実以上の現実だとその研究者は主張していました。眠れぬ夜は見たい夢を想像しながら眠ることにしましょう。楽しいことだけを考えながら目を閉じると、やがて安らかな眠りが訪(おとず)れることを私は体験的に知っています。

「眠れぬ夜に夢の話」2001年6月25日『心理コラムのxSUNx』

問　この夢を見ることについて、夢研究者はどう考えているか。

1　人は夢に対して現実と同じように反応(はんのう)するから、夢はとても現実的である。
2　夢は浅い眠りの間に見るもので、現実のようには反応しない。
3　見たい夢を想像しながら寝ようとしても、ぐっすり眠ることはできない。
4　体が眠っていると、脳(のう)はほとんど活動しない。

해석 및 해설 09 수필문

지문 해석

　최근 꿈 연구에서는 자신이 꾸고 싶은 꿈을 꿈으로써, 행복을 추구하려고 하는 움직임이 있는 것 같습니다. 꿈은 얕은 수면 중에 꾸는 것으로, 그때 몸은 잠들어 있어도 뇌는 깨어 있어서 꾸는 꿈에 현실과 똑같이 반응한다고 합니다.
　그래서 꿈은 현실 이상의 현실이라고 그 연구자는 주장하고 있었습니다. 잠들지 못하는 밤에는 꾸고 싶은 꿈을 상상하면서 자도록 합시다. 즐거운 일만 생각하면서 눈을 감으면, 머지않아 편안한 잠이 찾아올 것을 나는 체험적으로 알고 있습니다.

단어

夢研究(ゆめけんきゅう) 꿈 연구 | **夢(ゆめ)を見(み)る** 꿈을 꾸다 | **～によって** ～에 의해, ～에 따라 | **幸福(こうふく)** 행복 | **追求(ついきゅう)する** 추구하다 | **～(よ)うとする** ～하려고 하다 | **動(うご)き** 움직임 | **～ようだ** ～같다 | **浅(あさ)い** 얕다 | **眠(ねむ)り** 잠 | **脳(のう)** 뇌 | **現実(げんじつ)** 현실 | **反応(はんのう)する** 반응하다 | **以上(いじょう)** 이상 | **主張(しゅちょう)する** 주장하다 | **眠(ねむ)れぬ** 잠이 안 오는, 잠들지 못하는 | **想像(そうぞう)する** 상상하다 | **～ながら** ～하면서 | **～ことにする** ～하기로 하다 | **～だけ** ～만 | **目(め)を閉(と)じる** 눈을 감다 | **やがて** 이윽고, 머지않아 | **安(やす)らか** 평온함, 편안함 | **訪(おとず)れる** 찾아오다 | **体験的(たいけんてき)** 체험적 | **～に対(たい)して** ～에 대해서 | **ぐっすり** 푹 자는 모양 | **ほとんど** 거의 | **活動(かつどう)する** 활동하다

문제 해설

문 이 꿈을 꾸는 것에 대해 꿈 연구자는 어떻게 생각하고 있는가?

1　인간은 꿈에 대해 현실과 똑같이 반응하기 때문에 꿈은 매우 현실적이다.
2　꿈은 얕은 수면 중에 꾸는 것이어서 현실과 같이 반응하지 않는다.
3　꾸고 싶은 꿈을 상상하면서 자려고 해도 푹 잘 수는 없다.
4　몸이 잠들어 있으면 뇌는 거의 활동하지 않는다.

해설 1번, 셋째 줄 [脳は起きていて見る夢に現実と同じように反応しているそうです。そこで見る夢は現実以上の現実だとその研究者は主張していました]로부터, 본문과 보기가 일치함을 알 수 있다. 2번, 본문 셋째 줄 [現実と同じように反応している] 부분으로부터, 답이 아님을 알 수 있다. 3번, 본문 속에서 보기와 같이 언급된 부분을 찾을 수 없으므로, 답이 아니다. 4번, 본문 셋째 줄 [体は眠っていても脳は起きていて見る夢に現実と同じように反応している]로부터, 답이 아님을 알 수 있다.

실전 문제 10 수필문

問題　つぎの文章を読んで、質問に答えなさい。答えは、1・2・3・4から最もよいものを一つえらびなさい。

　「最近メールをくれないのは忙しいからですか？」と聞かれても「忙しい」という言葉の意味を考えてしまうと使いにくくなります。

　「忙しい」という言葉は「あなたのために使う時間がない。自分にはそれより大事なことがある。」という意味ではないでしょうか？　これはつまり、「あなたは自分にとってそれほど大事な人ではない。」という意味にも取れます。

　「大事な人」に向かって「忙しい」という言葉を使ってしまって、後で意味を考えて失敗だったと後悔することがあります。

「忙しいから」と言い訳する人の心理　2001年6月8日『心理コラムのxSUNx』

問　筆者が相手に対して「忙しい」という言葉が使いにくくなった理由は何か。

1　相手の立場からすると、「自分はそれほど大事な人ではない」という意味に取られるおそれがあるから

2　相手の立場からすると、「自分ほど大事な人はいない」という意味に取られるおそれがあるから

3　相手に忙しいという言葉を使うと、失敗したという意味に取れるから

4　相手に忙しいという言葉を使うと、成功したという意味に取れるから

해석 및 해설 **10 수필문**

지문 해석

'요즘 문자 메시지를 주지 않는 것은 바쁘기 때문입니까?'라고 질문을 받아도 '바쁘다'라는 단어의 의미를 생각하면 사용하기 어려워집니다.

'바쁘다'라는 말은 '당신을 위해 쓸 시간이 없다. 나에게는 그보다 중요한 일이 있다.'라는 의미가 아닐까요? 이것은 다시 말해서, '당신은 나에게 있어 그 정도로 중요한 사람이 아니다.'라는 의미로도 받아들일 수 있다.

'중요한 사람'에게 '바쁘다'라는 단어를 사용해 버리고, 나중에 의미를 떠올리고 실수했다고 후회할 때가 있습니다.

단어

最近(さいきん) 최근, 요즘 | **メール** 문자 메시지, 메일 | **言葉**(ことば) 말, 표현 | **～てしまう** ~해 버리다 | **～にくい** ~하기 어렵다 | **大事**(だいじ) 중요함 | **～にとって** ~에게 있어서, ~에게 | **取**(と)**れる** 받아들일 수 있다 | **～に向**(む)**かって** ~에게 | **失敗**(しっぱい) 실패, 실수 | **後悔**(こうかい)**する** 후회하다 | **～ことがある** ~할 때가 있다 | **言**(い)**い訳**(わけ)**する** 변명하다 | **～からすると** ~의 입장에서 보면 | **取**(と)**られる** 받아들여지다, 받아들일 수 있다 | **～おそれがある** ~할 우려가 있다 | **成功**(せいこう)**する** 성공하다

문제 해설

문 필자가 상대에게 '바쁘다'라는 표현을 사용하기 어렵게 된 이유는 무엇인가?

1 상대의 입장에서 보면 '자신이 그 정도로 중요한 사람이 아니다'라는 의미로 받아들여질 우려가 있기 때문에
2 상대의 입장에서 보면 '자신만큼 중요한 사람은 없다'라는 의미로 받아들여질 우려가 있기 때문에
3 상대에게 바쁘다라는 표현을 사용하면 실수했다는 의미로 받아들일 수 있기 때문에
4 상대에게 바쁘다라는 표현을 사용하면 성공했다는 의미로 받아들일 수 있기 때문에

해설 본문의 [「あなたは自分にとってそれほど大事な人ではない。」という意味にも取れます]에 의거하여 답이 1번임을 알 수 있다.

실전 문제 11 논설문

問題　つぎの文章を読んで、質問に答えなさい。答えは、1・2・3・4から最もよいものを一つえらびなさい。

　夏になると、4週間から6週間に及ぶ夏期休暇を取る各国の人々の話を耳にします。しかも、その話を初めて聞いたのはここ数年のことではなく、数十年も前のような気がします。にもかかわらず、そのバカンスという権利を得た人々の話に及ぶたびに、日本人の多くが"うらやましい"と語るのです。

　日本は民主主義の国です。国民の多くがそれを望むのであれば、そんな国になっているはずです。国民がそうした国にしたいという意思表示をすれば、それを可能にするために政治も行政も動くはずです。

「なぜ日本人はバカンスを取れないのか？」2002年7月31日『心理コラムのxSUNx』

問　この文章で筆者が一番言いたいことは何か。

1　いくらバカンスを望んでも、日本人はそれを得る権利がない。
2　日本は民主主義の国だから、望むことをする自由がある。
3　国民の多くが望むと、長い休暇が取れるはずだ。
4　積極的に自分の意思表示をすれば、政治も行政も動くはずだ。

해석 및 해설 11 논설문

지문 해석

여름이 되면 4주에서 6주에 걸쳐 하기 휴가를 얻는 각국 사람들의 이야기를 듣습니다. 게다가 그 이야기를 처음 들은 것은 최근 몇 년이 아니라, 수십 년도 더 된 것 같은 기분이 듭니다. 그럼에도 불구하고 그 바캉스라는 권리를 얻은 사람들의 이야기를 들을 때마다 대부분의 일본인이 "부럽다"고 말하는 것입니다.

일본은 민주주의 국가입니다. 국민의 대다수가 그것을 원한다면 그런 나라가 되었을 것입니다. 국민이 그런 나라로 만들고 싶다는 의사표시를 한다면, 그것을 가능하게 하기 위해서 정치도 행정도 움직일 것입니다.

단어

～に及(およ)ぶ ～에 걸치다, ～에 미치다 | 夏期(かき) 하기 | 休暇(きゅうか)を取(と)る 휴가를 얻다 | 各国(かっこく) 각국 | 耳(みみ)にする 듣다 | しかも 게다가 | 初(はじ)めて 처음으로 | ～のような ～와 같은 | 気(き)がする 기분이 들다 | にもかかわらず 그럼에도 불구하고 | 権利(けんり)を得(え)る 권리를 얻다 | ～たびに ～할 때마다 | うらやましい 부럽다 | 語(かた)る 말하다 | 民主主義(みんしゅしゅぎ) 민주주의 | 望(のぞ)む 바라다, 원하다 | ～はずだ ～일 터이다 | 意思表示(いしひょうじ) 의사표시 | 政治(せいじ) 정치 | 行政(ぎょうせい) 행정 | 積極的(せっきょくてき) 적극적

문제 해설

문 이 글에서 필자가 가장 말하고 싶은 것은 무엇인가?
1. 아무리 바캉스를 원해도 일본인은 그것을 얻을 권리가 없다.
2. 일본은 민주주의 국가이므로 원하는 것을 할 자유가 있다.
3. 국민의 대다수가 원하면 긴 휴가를 얻을 수 있을 것이다.
4. 적극적으로 자신의 의사표시를 한다면 정치도 행정도 움직일 것이다.

해설 본문의 마지막 문장인 [国民がそうした国にしたいという意思表示をすれば、それを可能にするために政治も行政も動くはずです]로부터 답이 4번임을 알 수 있다.

실전 문제 **12** 기사문

問題　つぎの文章を読んで、質問に答えなさい。答えは、1・2・3・4から最もよいものを一つえらびなさい。

　学習意欲がますます高まっているようです。資格取得(しゅとく)や趣味など、スクールに通うだけでなく、自宅で好きな時間に学習できる通信教育もたくさんあります。

　しかし通信教育は自由な反面、自宅ではなかなかできません。テレビやお酒などの誘惑(ゆうわく)(※)から、子供や奥さんがいて、静かにできない環境の人も多いです。

　そこで帰宅前に学習できる『学習クラブ』を開設しては、どうでしょう。『学習クラブ』は通信教育受講者(じゅこうしゃ)に、その受講者の地元(じもと)で夜間の自習ルームを開放するサービスです。

　　　　　「通信教育"挫折常習犯"の方に、朗報です！」2004年6月8日『メルマガ』

（※）誘惑(ゆうわく)：人を迷わせて、悪い道にさそいこむこと

問　この『学習クラブ』について、正しいのはどれか。

1　自分の家でいつでも学習できる通信教育のひとつである。
2　資格取得(しゅとく)のための学習プログラムのことである。
3　通信教育受講者(じゅこうしゃ)のために開放する夜間の自習ルームのことである。
4　静かにできない環境の人が帰宅前にゆっくり休める空間のことである。

해석 및 해설 12 기사문

지문 해석

　　학습 의욕이 점점 높아지고 있는 것 같습니다. 자격 취득이나 취미 등, 학교에 다닐 뿐만 아니라 자택에서 편한 시간에 학습할 수 있는 통신교육도 많이 있습니다.

　　그러나 통신교육은 자유로운 반면, 집에서는 좀처럼 할 수 없습니다. 텔레비전이나 술 등의 유혹(※)에서부터, 아이나 부인이 있어서 조용히 할 수 없는 환경에 있는 사람도 많습니다.

　　그래서 귀가하기 전에 학습할 수 있는『학습 클럽』을 개설하는 것은 어떨까요? 『학습 클럽』은 통신교육 수강생에게 그 수강생이 있는 동네에서 야간 자습실을 개방하는 서비스입니다.

　　(※) 유혹 : 사람을 미혹시켜 나쁜 길로 꾀어 들이는 일

단어

学習(がくしゅう) 학습 | 意欲(いよく) 의욕 | ますます 점점 | 高(たか)まる 높아지다, 고조되다 | 資格(しかく) 자격 | 取得(しゅとく) 취득 | 趣味(しゅみ) 취미 | ~や~など ~나 ~등 | スクール 스쿨, 학교 | ~に通(かよ)う ~에 다니다 | ~だけでなく ~뿐만 아니라 | 自宅(じたく) 자택 | 通信教育(つうしんきょういく) 통신교육 | 反面(はんめん) 반면 | 誘惑(ゆうわく) 유혹 | 環境(かんきょう) 환경 | 帰宅(きたく) 귀가 | 開設(かいせつ)する 개설하다 | 受講者(じゅこうしゃ) 수강생 | 地元(じもと) 그 고장 | 夜間(やかん) 야간 | 自習(じしゅう)ルーム 자습실 | 開放(かいほう)する 개방하다 | 迷(まよ)わせる 미혹시키다(=迷わす) | さそいこむ 꾀어 들이다 | ~のための ~을 위한 | ゆっくり 느긋하게 | 空間(くうかん) 공간

문제 해설

문　이『학습 클럽』에 대해 올바른 것은 어느 것인가?
1　자신의 집에서 언제든지 학습할 수 있는 통신교육의 하나이다.
2　자격 취득을 위한 학습 프로그램을 말한다.
3　통신교육 수강생을 위해 개방하는 야간 자습실을 말한다.
4　조용히 있을 수 없는 환경에 있는 사람이 귀가 전에 푹 쉴 수 있는 공간을 말한다.

해설　1번, 『学習クラブ』는 귀가하기 전에 학습할 수 있는 자습 공간을 개방하는 서비스이므로, 답이 아니다. 2번, 자격 취득은 학습 의욕이 높아지고 있는 것을 보여 주는 하나의 예로 쓰였을 뿐, 『学習クラブ』와는 관련이 없다. 3번, 본문의 마지막 문장인 [『学習クラブ』は通信教育受講者に、その受講者の地元で夜間の自習ルームを開放するサービスです]로부터 3번이 답임을 알 수 있다. 4번, 『学習クラブ』는 쉬는 공간이 아니라, 학습할 수 있는 공간이므로 답이 아니다.

실전 문제 13 논설문

問題 つぎの文章を読んで、質問に答えなさい。答えは、1・2・3・4から最もよいものを一つえらびなさい。

　野菜や肉などに生産者の顔写真や生産方法を載せている食品は最近よく目にかけます。顔の見える商品は、消費者に安心感を持たせるとともに、生産する側にとっても責任感とやりがいをもたらせます。とてもいい傾向だと思います。

　そこでもう一歩踏み込んだ（※1）商品選択基準を設けてみてはどうでしょう。

　生産システム、輸送システム、管理システムがいかに（※2）環境に優しいかという指標を商品金額の横に、「キャベツ１個250円（環境指数53）」というふうに表示するのです。

　　　　　　　　　　　　　　　「環境負荷指数」2003年６月６日『メルマガ』

（※1）踏み込む：一段と深く物事の核心にせまる。

（※2）いかに＝どれほど。どんなに。

問　とてもいい傾向だと思いますとあるが、筆者がそう思っている理由は何か。

1　生産者の顔写真や生産方法を野菜や肉などに載せると見かけがいいから
2　生産者の顔写真や生産方法を野菜や肉などに載せると高く見えるから
3　生産者は安心感を、消費者は責任感ややりがいを感じるから
4　生産者は責任感ややりがいを、消費者は安心感を感じるから

해석 및 해설 13 논설문

지문 해석

채소나 고기 등에 생산자의 얼굴 사진이나 생산 방법을 게재한 식품이 최근 자주 눈에 띕니다. 얼굴이 보이는 상품은 소비자가 안심할 수 있게 하고, 동시에 생산하는 측에 있어서도 책임감과 보람을 갖게 합니다. 매우 좋은 경향이라고 생각합니다.

그래서 거기서 한 걸음 더 나아가(※1) 상품 선택 기준을 마련해 보는 것은 어떨까요?

생산 시스템, 수송 시스템, 관리 시스템이 얼마나(※2) 친환경적인지 지표를 상품 금액 옆에 '양배추 1개 250엔(환경지수 53)'이라는 식으로 표시하는 것입니다.

(※1) 발을 들여놓다 : 한층 더 깊게 사물의 핵심에 다가서다.
(※2) 얼마나 = 어느 정도. 얼마나.

단어

野菜(やさい) 채소 | 肉(にく) 고기 | 生産者(せいさんしゃ) 생산자 | 顔写真(かおじゃしん) 얼굴 사진 | 載(の)せる 싣다 | 食品(しょくひん) 식품 | 目(め)にかける 보다 | 消費者(しょうひしゃ) 소비자 | 安心感(あんしんかん) 안심감 | 持(も)たせる 가지게 하다 | 〜とともに 〜와 함께, 〜와 동시에 | 責任感(せきにんかん) 책임감 | やりがい 보람 | もたらす 가져오다 | 傾向(けいこう) 경향 | 踏(ふ)み込(こ)む 발을 내딛다, 발을 들여놓다 | 選択(せんたく) 선택 | 基準(きじゅん) 기준 | 設(もう)ける 마련하다 | 輸送(ゆそう) 수송 | 管理(かんり) 관리 | いかに 얼마나 | 環境(かんきょう)に優(やさ)しい 친환경적이다 | 指標(しひょう) 지표 | 金額(きんがく) 금액 | 〜というふうに 〜라는 식으로 | 表示(ひょうじ)する 표시하다 | 一段(いちだん)と 한층 더 | 核心(かくしん)にせまる 핵심에 다가서다 | 見(み)かけがいい 겉보기에 좋다

문제 해설

문 매우 좋은 경향이라고 생각합니다라고 했는데, 필자가 그렇게 생각하고 있는 이유는 무엇인가?
1 생산자의 얼굴 사진이나 생산 방법을 채소나 고기 등에 실으면 보기가 좋으니까
2 생산자의 얼굴 사진이나 생산 방법을 채소나 고기 등에 실으면 비싸게 보이니까
3 생산자는 마음을 놓을 수 있고 소비자는 책임감과 보람을 느끼니까
4 생산자는 책임감과 보람을 느끼고 소비자는 마음을 놓을 수 있으니까

해설 1번과 2번은 언급된 바가 없다. 3번, 생산자와 소비자의 내용이 서로 반대로 적혀 있으므로 답이 아니다.

실전 문제 **14** 수필문

問題　つぎの文章を読んで、質問に答えなさい。答えは、1・2・3・4から最もよいものを一つえらびなさい。

　先日、家族でキャンプに行って気づいたことがあります。<u>子どもの創造力（そうぞうりょく）は今も昔も変わらないなぁ</u>と。うちの子どもに限らず、ほかの家族の子どもも、テレビもゲームもケータイもないけど、自分たちで工夫（くふう）（※1）して楽しく遊んでいました。

　「なにかイベントがないと、遊び道具がないと」と心配しているのは親だけかもしれません。子どもたちは自分たちが飽（あ）きない（※2）ようにいつもアンテナをはり、工夫して遊んでいます。

「何もないから"面白い"」2009年9月8日『メルマガ』

（※1）工夫（くふう）：いろいろ考えて良い方法を得ようとすること
（※2）飽（あ）きる：多すぎたり、同じことが長く続いたりして、いやになる。

問　<u>子どもの創造力は今も昔も変わらないなぁ</u>とあるが、そう考える理由は何か。

1　キャンプに行ってもテレビやゲーム、ケータイで楽しく遊んでいるから
2　自分たちが工夫したイベントや遊び道具で楽しく遊んでいるから
3　ほかの家族の子どもの遊び道具で楽しく遊んでいるから
4　普通のおもちゃがなくても親のイベントで楽しく遊んでいるから

해석 및 해설 14 수필문

지문 해석

일전에 가족끼리 캠프에 가서 깨달은 것이 있습니다. <u>아이들의 창조력은 예나 지금이나 변함이 없구나</u> 하고.

우리 아이만 그런 것이 아니라 다른 가족의 아이들도 텔레비전, 게임, 휴대폰이 없어도 자기들끼리(※1)궁리해서 즐겁게 놀았습니다.

'뭔가 이벤트가 없으면, 장난감이 없으면' 하고 걱정하는 것은 부모들뿐인지도 모르겠습니다. 아이들은 자기들이 질리지(※2)않도록 언제나 안테나를 세워, 방법을 찾아 놀고 있습니다.

(※1) 궁리·고안 : 여러 가지로 생각해서 좋은 방법을 얻으려고 하는 것
(※2) 질리다 : 너무 많거나, 같은 일이 길게 이어져서 싫증나다.

단어

先日(せんじつ) 일전에 | 気(き)づく 깨닫다 | 創造力(そうぞうりょく) 창조력 | ~に限(かぎ)らず ~에 한하지 않고 | 工夫(くふう)する 궁리하다 | 遊(あそ)び道具(どうぐ) 놀이 도구, 장난감 | 心配(しんぱい)する 걱정하다 | 飽(あ)きる 질리다, 싫증나다 | アンテナをはる 안테나를 세우다 | いやになる 싫증나다 | おもちゃ 장난감

문제 해설

문	<u>아이들의 창조력은 예나 지금이나 변함이 없구나</u>라고 했는데, 그렇게 생각하는 이유는 무엇인가?
1	캠프에 가서도 텔레비전이나 게임, 휴대폰으로 즐겁게 놀기 때문에
2	**자신들이 궁리한 이벤트나 장난감으로 즐겁게 놀기 때문에**
3	다른 가족의 아이들의 장난감으로 즐겁게 놀기 때문에
4	평소에 갖고 놀던 장난감이 없어도 부모들의 이벤트로 즐겁게 놀기 때문에

해설 1번, 본문에서 아이들은 텔레비전, 게임, 휴대폰이 없어도 스스로 궁리해서 논다고 언급되어 있으므로 답이 아니다. 2번, 본문의 [テレビもゲームもケータイもないけど、自分たちで工夫して楽しく遊んでいました]로부터 2번이 답임을 알 수 있다. 3번과 4번은 본문의 내용과 거리가 멀다.

실전 문제 15 수필문

問題　つぎの文章を読んで、質問に答えなさい。答えは、1・2・3・4から最もよいものを一つえらびなさい。

　　夏休みといえばやはりプールです。室内プールも増えましたが、やはり輝く太陽の下で泳ぐことの楽しみは最高です。プール、水泳というと、体育を連想させてしまいますが、泳ぎができるようになったのを体育の通知表アップだけに利用してしまうのはもったいないことです。がんばって泳げるようになったことを、泳ぎの得意な子どもは何メートルも泳げるようになったことを生活作文にすれば、国語の成績までよくなります。

問　この文章の内容について正しいのはどれか。

1　泳ぎが上達したことを作文にすれば、国語の成績もあがるようになる。
2　水泳は体育の成績に利用したほうがいい。
3　泳ぎの得意な子どもには何メートル泳げるようになったのかが重要だ。
4　夏休みにはやはり室内プールで遊ぶのがいちばん楽しい。

해석 및 해설 **15 수필문**

지문 해석

여름방학 하면 역시 수영장입니다. 실내 수영장도 많아졌지만, 역시 빛나는 태양 아래에서 하는 수영이 최고로 즐겁습니다. 수영장, 수영이라 하면 체육을 연상시키는데, 수영을 할 수 있게 된 것을 체육 통지표 향상에만 이용하는 것은 아까운 일입니다. 열심히 노력해서 수영할 수 있게 된 것을, 수영이 장기인 아이들은 몇 미터나 수영할 수 있게 된 것을 생활 작문으로 쓴다면 국어 성적까지 좋아집니다.

단어

夏休(なつやす)み 여름방학, 여름휴가 | ～といえば ～라 하면 | 室内(しつない)プール 실내 수영장 | 輝(かがや)く 빛나다 | 泳(およ)ぐ 수영하다, 헤엄치다 | 楽(たの)しみ 즐거움 | 水泳(すいえい) 수영 | ～というと ～라 하면 | 体育(たいいく) 체육 | 連想(れんそう)する 연상하다 | 通知表(つうちひょう)アップ 통지표 향상 | ～だけに ～만으로 | もったいない 아깝다 | 得意(とくい) 자신이 있음, 잘함, 장기 | 成績(せいせき) 성적 | 上達(じょうたつ)する 숙달되다, 향상되다

문제 해설

문 이 문장의 내용에 대해 올바른 것은 어느 것인가?
1 수영을 잘하게 된 것을 작문으로 쓴다면 국어 성적도 오르게 된다.
2 수영은 체육 성적에 이용하는 것이 좋다.
3 수영이 장기인 아이들에게는 몇 미터를 수영할 수 있게 되었는지가 중요하다.
4 여름방학에는 역시 실내 수영장에서 노는 것이 제일 즐겁다.

해설 1번, 본문의 마지막 문장 [生活作文にすれば、国語の成績までよくなります]를 보면 1번이 답임을 알 수 있다. 2번, 수영은 체육 통지표 향상에만 이용하는 것은 아깝다고 했으므로 답이 아니다. 3번, 수영을 잘하는 아이가 몇 미터나 헤엄칠 수 있게 됐는지 그 자체가 중요한 것이 아니라, 그 경험을 생활 작문으로 쓰면 국어 성적의 향상을 기대할 수 있다는 내용이므로 답이 아니다. 4번, 실내 수영장보다는 빛나는 태양 아래에서 하는 수영이 제일 즐겁다고 했으므로 답이 아니다.

실전 문제 **16** 공지문

問題　つぎの文章を読んで、質問に答えなさい。答えは、1・2・3・4から最もよいものを一つえらびなさい。

平成20年11月20日

総務部　河原田豊

事務所における省エネ(※)徹底のお願い

本格的な冬を迎え、暖房のための費用(燃料費、電気代)が増大しています。以下の省エネ対策の徹底をはかり、一層のご協力をお願いします。

記

1. 暖房の室内設定温度は、20度とする。
　(寒い場合は、セーターやカーディガンで各自調整すること。)
2. 使用していない場所の電気を消す。
3. 外出や長時間デスクを離れる場合、パソコンの電源を切る。
4. 退社時のプリンター、PC、エアコン等の切り忘れをなくす。
5. 昼休みは、可能な限り電気を消す。

以上

(※) 省エネ：「省エネルギー」の略。石油・電力・ガスなどのエネルギーを効率的に使用し、その消費量を節約すること。

問　事務所における省エネのお願いの文章として正しいものはどれか。

1　寒い時は温かい服を用意するなどして、体温を調整すること
2　昼休みは、必ず室内のすべての電気を消しておくこと
3　家に帰る時は、暖房の室内設定温度を20度以下にしておくこと
4　長い時間の外出の場合は、パソコンの画面ぐらいは消すこと

해석 및 해설 16 공지문

지문 해석

2008년 11월 20일
총무부 가와라다 유타카

사무실에서의 철저한 에너지 절약(※)을 위한 당부
본격적인 겨울을 맞이하여 난방을 위한 비용(연료비, 전기 요금)이 증가하고 있습니다. 아래의 에너지 절약 대책을 철저히 하여, 한층 더 협력을 부탁드립니다.

기

1. 난방의 실내 설정 온도는 20도로 한다.(추울 때에는 스웨터나 카디건으로 각자 조정할 것.)
2. 사용하지 않는 곳의 전기를 끈다.
3. 외출이나 장시간 자리를 비울 시에는 컴퓨터 전원을 끈다.
4. 퇴근 시 프린터, PC, 에어컨 등 전원 끄기를 잊지 않는다.
5. 점심 시간에는 가능한 한 전기를 끈다.

이상

(※)「省エネルギ(에너지 절약)」의 줄임말. 석유·전력·가스 등의 에너지를 효율적으로 사용하여 그 소비량을 절약하는 것.

단어

総務部(そうむぶ) 총무부 | ～における ～에서의 | 省(しょう)エネ 에너지 절약 | 徹底(てってい) 철저 | ～を迎(むか)える ～을 맞이하다 | 暖房(だんぼう) 난방 | 費用(ひよう) 비용 | 燃料費(ねんりょうひ) 연료비 | 電気代(でんきだい) 전기 요금 | 増大(ぞうだい) 증대 | 対策(たいさく) 대책 | はかる 도모하다 | 一層(いっそう) 한층 | 協力(きょうりょく) 협력 | 設定(せってい) 설정 | カーディガン 카디건 | 調整(ちょうせい) 조정 | 電気(でんき)を消(け)す 전기를 끄다, 불을 끄다 | 外出(がいしゅつ) 외출 | 離(はな)れる 떠나다, 벗어나다 | 電源(でんげん)を切(き)る 전원을 끄다 | 退社(たいしゃ) 퇴사, 퇴근 | 切(き)り忘(わす)れ 끄는 것을 잊음 | なくす 없애다 | 昼休(ひるやす)み 점심시간 | 効率的(こうりつてき) 효율적 | 消費量(しょうひりょう) 소비량 | 節約(せつやく) 절약 | 画面(がめん) 화면

문제 해설

문 사무실에서의 에너지 절약을 위한 당부의 문장으로 올바른 것은 어느 것인가?
1 추울 때에는 따뜻한 옷을 준비하는 등 체온을 조정할 것
2 점심시간에는 반드시 실내의 모든 전기를 꺼 둘 것
3 집에 돌아갈 때는 난방의 실내 설정 온도를 20도 이하로 해 둘 것
4 장시간 외출할 경우에는 컴퓨터의 화면 정도는 끌 것

해설 1번, 지문 1의 괄호 안의 내용 [寒い場合は、セーターやカーディガンで各自調整すること]를 보면 1번이 답임을 알 수 있다. 2번, 이 선택지와 관련하여 지문의 5 [昼休みは、可能な限り電気を消す]에 언급되어 있다. 지문의 [可能な限り]는 선택의 여지가 있지만 선택지의 [必ず]에는 꼭 지켜야 하는 의무감이 포함되어 있다. 3번, 지문의 4 [退社時のプリンター、ＰＣ、エアコン等の切り忘れをなくす]를 보면 선택지와 일치하지 않는다. 4번, 지문의 3 [外出や長時間デスクを離れる場合、パソコンの電源を切る]를 보면, 장시간 외출 시 컴퓨터의 화면뿐만 아니라 전원도 꺼야 한다.

2 | 내용 이해 - 중문 공략하기

문제 유형 분석

내용 이해 - 중문은 설명문·수필 등 350자 정도의 글을 읽고 키워드나 인과관계, 이유, 필자의 생각 등을 이해할 수 있는지를 묻는 문제로, 한 지문에 3문항이 출제된다. 총 6문항을 10분에서 15분 내에 풀도록 하자.

문제 풀이 비법

1. 한 지문당 2~3문항이 출제되지만, 대체로 글의 초반부나 중반부에서 1~2문항, 후반부에서 1문항씩 차례대로 출제된다고 생각하자.
2. 단락별로 하고자 하는 이야기를 파악하면 된다. 기본적으로 첫 번째 단락은 말하고자 하는 주제를 들 것이고, 두 번째 단락은 그에 대한 설명, 마지막 단락은 결론으로 구성된다. 단락마다 이야기하고자 하는 것은 하나이므로, 접속 표현 등에 주의하면 생각보다 쉽게 글 전체를 이해할 수 있다.
3. 〈필자가 가장 말하고 싶어 하는 것은 무엇인가?〉〈밑줄 친 부분에 대한 필자의 생각은 무엇인가?〉〈내용에 맞는 것은 무엇인가?〉 등의 질문에 대한 정답은 대부분 글의 후반부에 힌트가 있다.
4. 밑줄 친 부분의 내용을 묻는 문제는 그 부분의 바로 앞뒤 내용을 주의해서 읽어야 한다. 단, 밑줄 친 부분의 글이 문장의 첫 부분에 해당한다면 정답은 글의 후반부, 즉 결론 부분에 있을 가능성이 높다. 밑줄이 없는 문제는 보기를 대입시켜 가면서 순서대로 풀면서 본문을 읽어 나가는 것이 효율적일 수도 있다. 괄호 안에 접속사나 지시사를 넣는 문제는 문법 파트의 '문장의 문법'에서 출제되므로 여기서 다루어지지 않는다.

실전 문제 01 수필문

問題 つぎの文章を読んで、質問に答えなさい。答えは、1・2・3・4から最もよいものを一つえらびなさい。

　生徒さんに「①文法や漢字の勉強はしないで、会話の勉強から始めたいんです。」とよく言われます。特に文字を覚えたばかりの生徒さんにこう言われると、とても困ります。日本の会社に通っている人や、旅行のために日本語を習っている人は難しい文法や漢字よりできるだけ早く日本語で話せるようになりたいのです。自分は日本語でメールを作成したり、日本の資料を読んだりすることはないから、とにかく会話のクラスに入りたいと言っているのです。でも、文法や単語の勉強なしに上手に話せるようになるのは無理でしょう。

　②言語の技能は話す・聞く・書く・読むの四つがあって、この四つの技能が同時に上手になるのです。もちろん、人によって、または何を特に練習したかによって少し違いますが、言語を勉強するにはこの四つを一緒に学習しなければなりません。生徒さんの中には日本語を基礎からちゃんと習ったこともないのに、アニメや日本のドラマを見ながら自然に聞き取れるようになり、会話ができるようになったと言う人もいます。でも、それは聞き取れるようになるまで相当時間がかかるし、話すのは上手でも簡単な漢字も読めない場合が多いです。これでは日本語ができるとは言えないでしょう。初めは大変だろうけど、書いて読んで聞いているうちに話せるようになるから、焦らないで基礎から真面目に勉強した方がいいと思います。

問1 「①文法や漢字の勉強はしないで、会話の勉強から始めたいんです。」と言う生徒さんはどんな人か。

1　日本の小説が読みたい人

2　大学で日本文学を専攻している人

3　日本語で日記を書きたい人

4　会社で日本人とコミュニケーションする機会が多い人

問2 ②言語の技能について正しい説明はどれか。

1　話す・聞く・書く・読むの中で話す技能が最初にうまくできる。

2　話す・聞く・書く・読むの中で最後にうまくできるのは話す技能である。

3　人はみんな聞く-話す-書く-読むの順番通りにうまくなる。

4　人によって多少違うが、だいたい同時にうまくなる。

問3 この文章で筆者が最も言いたいことは何か。

1　外国語を勉強するには書いて読む学習が何より重要である。

2　日本人と会話をしているうちに自然と上手になるから、まずは日本人の友達を作ったほうがいい。

3　外国人とコミュニケーションができるようにアニメやドラマをたくさん見たほうがいい。

4　簡単な文法や単語から勉強した方がいい。

해석 및 해설 01 수필문

지문 해석

　학생에게 '①문법이나 한자 공부는 안 하고 회화 공부부터 시작하고 싶어요.'라는 말을 자주 듣습니다. 특히 이제 막 글자를 외운 학생이 이렇게 말하면 매우 난처합니다. 일본 회사에 다니고 있는 사람이나 여행을 위해 일본어를 배우고 있는 사람은 어려운 문법이나 한자보다는 가능한 한 빨리 일본어로 말할 수 있게 되고 싶은 것입니다. 자신은 일본어로 메일을 작성하거나 일본 자료를 읽거나 할 필요가 없으니까 어쨌든 회화 수업에 들어가고 싶다고 말합니다. 하지만 문법이나 단어 공부 없이 능숙하게 말할 수 있게 되는 것은 무리겠죠. ②언어의 기능은 말하기·듣기·쓰기·읽기의 네 가지가 있고, 이 네 가지 기능이 동시에 능숙해집니다. 물론 사람에 따라서, 또한 무엇을 특히 연습했는지에 따라서 조금 다르지만 언어를 공부하려면 이 네 가지를 함께 학습해야 합니다. 학생 중에는 일본어를 기초부터 제대로 배운 적이 없는데 애니메이션이나 일본 드라마를 보면서 자연스럽게 알아들을 수 있게 되고, 회화를 할 수 있게 됐다고 말하는 사람도 있습니다. 하지만 그것은 알아들을 수 있을 때까지 상당히 시간이 걸리고, 말은 잘해도 간단한 한자도 못 읽는 경우가 많습니다. 이래서는 일본어를 할 수 있다고 말할 수 없겠죠. 처음은 힘들겠지만 쓰고 읽고 듣는 사이에 말할 수 있게 되니까 조급해하지 말고 기초부터 성실하게 공부하는 편이 좋다고 생각합니다.

단어

生徒(せいと) 학생 | 文法(ぶんぽう) 문법 | 会話(かいわ) 회화 | 特(とく)に 특히 | 文字(もじ) 문자, 글자 | ~たばかりの 이제 막 ~한 | 困(こま)る 곤란하다, 난처하다 | できるだけ 가능한 한 | 作成(さくせい) 작성 | 資料(しりょう) 자료 | とにかく 어쨌든 | 単語(たんご) 단어 | 無理(むり) 무리 | 言語(げんご) 언어 | 技能(ぎのう) 기능 | 同時(どうじ) 동시 | ~によって ~에 따라서 | 練習(れんしゅう) 연습 | 学習(がくしゅう) 학습 | 基礎(きそ) 기초 | ちゃんと 제대로 | 自然(しぜん)に 자연스럽게 | 聞(き)き取(と)る 알아듣다 | 相当(そうとう) 상당히 | 場合(ばあい) 경우 | 初(はじ)め 처음 | ~うちに ~동안에, ~사이에 | 焦(あせ)る 초조해하다

문제 해설

문1 '①문법이나 한자 공부는 안 하고 회화 공부부터 시작하고 싶어요.'라고 말하는 학생은 어떤 사람인가?
1 일본 소설을 읽고 싶은 사람
2 대학에서 일본 문학을 전공하고 있는 사람
3 일본어로 일기를 쓰고 싶은 사람
4 회사에서 일본인과 커뮤니케이션을 할 기회가 많은 사람

해설 셋째 줄 중간 부분 [日本の会社に通っている人や、～できるだけ早く日本語で話せるようになりたいのです]의 부분을 보면, 문법이나 한자 공부는 안 하고 회화 공부부터 하고 싶어 하는 경우는 쓰고 읽는 것보다 말하는 기능이 우선 필요한 학생임을 알 수 있다. 그러므로 4번이 정답이 된다.

문2 ②언어의 기능에 대한 올바른 설명은 무엇인가?
1 말하기·듣기·쓰기·읽기 중에서 말하기 기능이 가장 먼저 능숙해진다.
2 말하기·듣기·쓰기·읽기 중에서 가장 마지막으로 능숙해지는 것은 말하기 기능이다.
3 사람은 모두 듣기-말하기-쓰기-읽기의 순서대로 능숙해진다.
4 사람에 따라 약간 다르지만, 거의 동시에 능숙해진다.

해설 두 번째 단락 첫째 줄 [言語の技能は話す·聞く·書く·読むの四つがあって、この四つの技能が同時に上手になるのです]의 부분을 보면, 네 가지 기능이 동시에 능숙해진다는 것을 알 수 있다.

문3 이 문장에서 필자가 가장 말하고 싶은 것은 무엇인가?
1 외국어를 공부하려면 쓰고 읽는 학습이 무엇보다 중요하다.
2 일본인과 회화를 하고 있는 사이에 자연스럽게 능숙해지므로, 우선은 일본인 친구를 사귀는 편이 좋다.
3 외국인과 커뮤니케이션이 가능하도록 애니메이션이나 드라마를 많이 보는 편이 좋다.
4 간단한 문법이나 단어부터 공부하는 편이 좋다.

해설 필자의 주장을 묻는 문제는 문장의 처음과 끝을 보면 알 수 있다. 글의 마지막 문장인 [初めは大変だろうけど、書いて読んで聞いているうちに話せるようになるから、焦らないで基礎から真面目に勉強した方がいいと思います]의 부분을 보면 4번이 필자가 말하고자 하는 내용임을 알 수 있다.

실전 문제 02 수필문

問題　つぎの文章を読んで、質問に答えなさい。答えは、1・2・3・4から最もよいものを一つえらびなさい。

　　最近、日本では①酵素（こうそ）ダイエットがテレビなどのメディアでよく取り上げられ、話題になっている。特にタレントさんやモデルさんがダイエットに利用していることから若い女性を中心に注目されている。酵素が健康や美容に役立つものということは知っていても具体的にどのような働きがあるのかは意外と知らない人も多いのではないだろうか。酵素は食べ物の消化を助け、新陳代謝（しんちんたいしゃ）や血液の循環など身体の色々な部分で重要な役割がある。普段、私たちが何気なくとっている食事も酵素がないと身体のエネルギーにすることができない。食べ物を分解、吸収し、そして栄養を吸収してくれる大切な役割を持っているので、酵素ダイエットをすると代謝がよくなり、腸内環境もよくなって体重が減るのである。でも酵素ダイエットを取り入れてやせるどころか、②かえって太ってしまった人も多いらしい。それは酵素ダイエットを間違って理解したからだと思う。酵素を取り入れているから普段の食事量を超えて食べていたり、とりさえすれば必ずやせると思って酵素ドリンクを飲みすぎたりすると太る可能性がある。なぜなら、酵素は食べたカロリーをゼロにするものでもないし、酵素ドリンクには飲みやすくするために甘味料やシロップなどが入っているものが多いからだ。このような間違ったとり方をしないためには、まず酵素の働きやなぜ必要であるかを考えなければならない。それを知った上で酵素ダイエットをすると、いい結果を得ることができると思う。

問1 ①酵素ダイエットの正しい説明は何か。

1　酵素は食事の後、とった方がいい。

2　バランスのとれた食事さえすれば、酵素が不足するはずがない。

3　食べたカロリーを半分にしてくれる役割がある。

4　食べ物の消化を助け、栄養を吸収してくれる役割がある。

問2 ②かえって太ってしまったと書いてあるが、その原因は何か。

1　酵素をとることで食べ物の消化が早くなり、普段より食べる量が増えたから

2　酵素をとるとともに体を動かすのも重要なのに、運動しなかったから

3　ダイエット飲料だと思って酵素ドリンクを飲みすぎたから

4　夜寝る前に酵素ドリンクを飲んだから

問3 筆者の意見として合っているものは何か。

1　色んなダイエット情報に振り回されることなく、バランスのとれた食事をするのが一番効果的である。

2　食事より日ごろから体を動かす習慣を身に付けなければならない。

3　甘味料やシロップが含まれていない製品を選んでとればいい結果が期待できる。

4　酵素のダイエットについて調べてから正しくとれば、いい結果が期待できる。

해석 및 해설 02 수필문

지문 해석

　최근 일본에서는 ①효소 다이어트가 텔레비전 등의 미디어에서 자주 거론되어 화제가 되고 있다. 특히 탤런트나 모델이 다이어트에 이용하고 있어서 젊은 여성들을 중심으로 주목받고 있다. 효소가 건강이나 미용에 도움이 된다는 것은 알고 있어도 구체적으로 어떠한 기능이 있는지는 의외로 모르는 사람도 많은 것은 아닐까? 효소는 음식의 소화를 돕고 신진대사나 혈액 순환 등 신체의 다양한 부분에서 중요한 역할을 한다. 평소 우리들이 아무렇지도 않게 섭취하고 있는 식사도 효소가 없으면 신체의 에너지로 만들 수 없다. 음식물을 분해, 흡수하고 또한 영양을 흡수해 주는 중요한 역할을 지니고 있기 때문에 효소 다이어트를 하면 대사가 활발해지고 장 속 환경도 개선되어 체중이 감소되는 것이다. 하지만 효소 다이어트를 시작하고 나서 살이 빠지기는커녕 ②오히려 살이 찐 사람도 많다고 한다. 그것은 효소 다이어트를 잘못 이해했기 때문일 것이다. 효소를 섭취하고 있다고 평소의 식사량을 초과해 먹거나, 섭취하기만 하면 무조건 살이 빠진다고 생각해 효소 드링크를 너무 많이 마시면 살이 찔 가능성이 있다. 왜냐하면 효소는 먹은 칼로리를 제로로 해주는 것도 아니고, 효소 드링크에는 마시기 쉽도록 감미료나 시럽 등이 들어 있는 것이 많기 때문이다. 이와 같은 잘못된 복용을 하지 않기 위해서는 우선 효소의 기능과 왜 필요한지를 생각해야 한다. 그것을 알고 효소 다이어트를 한다면 좋은 결과를 얻을 수 있을 것이다.

단어

酵素(こうそ) 효소 | **取(と)り上(あ)げる** 거론하다 | **話題(わだい)** 화제 | **注目(ちゅうもく)** 주목 | **健康(けんこう)** 건강 | **美容(びよう)** 미용 | **役立(やくだ)つ** 도움이 되다, 유용하다 | **具体的(ぐたいてき)** 구체적 | **働(はたら)き** 기능, 활동 | **意外(いがい)と** 의외로 | **消化(しょうか)** 소화 | **助(たす)ける** 돕다 | **新陳代謝(しんちんたいしゃ)** 신진대사 | **血液(けつえき)** 혈액 | **循環(じゅんかん)** 순환 | **重要(じゅうよう)** 중요 | **役割(やくわり)** 역할 | **普段(ふだん)** 평소 | **何気(なにげ)なく** 아무렇지도 않게 | **エネルギー** 에너지 | **分解(ぶんかい)** 분해 | **吸収(きゅうしゅう)** 흡수 | **栄養(えいよう)** 영양 | **腸内環境(ちょうないかんきょう)** 장 속 환경 | **体重(たいじゅう)** 체중 | **取(と)り入(い)れる** 섭취하다, 도입하다 | **~どころか** ~는커녕 | **かえって** 오히려 | **理解(りかい)** 이해 | **超(こ)える** 초과하다 | **~さえ~ば** ~만 ~하면 | **可能性(かのうせい)** 가능성 | **なぜなら** 왜냐하면 | **甘味料(かんみりょう)** 감미료 | **~た上(うえ)で** ~한 이후에 | **得(え)る** 얻다

문제 해설

문1 ①효소 다이어트의 올바른 설명은 무엇인가?
1. 효소는 식사 후에 섭취하는 편이 좋다.
2. 균형 잡힌 식사만 한다면 효소가 부족할 리가 없다.
3. 먹은 칼로리를 반으로 줄여 주는 역할이 있다.
4. **음식물의 소화를 돕고 영양을 흡수해 주는 역할이 있다.**

해설 여덟째 줄 [食べ物を分解、吸収し、そして栄養を吸収してくれる大切な役割を持っているので、酵素ダイエットをすると代謝がよくなり、腸内環境もよくなって体重が減るのである]의 부분을 보면 효소의 기능을 알 수 있다.

문2 ②오히려 살이 쪘다고 쓰여 있는데, 그 원인은 무엇인가?
1. 효소를 섭취함으로써 음식물의 소화가 빨라져, 평소보다 먹는 양이 늘었기 때문에
2. 효소를 섭취함과 동시에 몸을 움직이는 것도 중요한데, 운동을 하지 않았기 때문에
3. **다이어트 음료라고 생각해 효소 드링크를 너무 많이 마셨기 때문에**
4. 자기 전에 효소 드링크를 마셨기 때문에

해설 효소 다이어트를 시작하고 나서 오히려 살이 찌게 된 이유는 효소 다이어트를 잘못 이해했기 때문이라고 하였다. 열셋째 줄 [酵素を取り入れているから普段の食事量を超えて食べていたり、とりさえすれば必ずやせると思って酵素ドリンクを飲みすぎたりすると太る可能性がある]의 부분이 그러한 예이므로 3번이 정답이 된다.

문3 필자의 의견으로서 일치하는 것은 무엇인가?
1. 다양한 다이어트 정보에 휘둘리지 말고, 균형 잡힌 식사를 하는 것이 가장 효과적이다.
2. 식사보다는 평소에 몸을 움직이는 습관을 길러야 한다.
3. 감미료나 시럽이 포함되지 않은 제품을 골라서 섭취하면 좋은 결과를 기대할 수 있다.
4. **효소 다이어트에 대해 알아보고 올바르게 섭취하면 좋은 결과를 기대할 수 있다.**

해설 마지막 부분에 필자의 주장이 나와 있다. 잘못된 복용으로 인한 부작용을 없애려면 우선 효소의 기능과 왜 효소가 필요한지를 생각해 봐야 한다고 했다. 그것을 알고 난 후에 효소 다이어트를 한다면 좋은 결과를 얻을 수 있다고 하였으니 4번이 정답이 된다.

실전 문제 03 수필문

問題 つぎの文章を読んで、質問に答えなさい。答えは、1・2・3・4から最もよいものを一つえらびなさい。

　子供の頃、外で遊ぶのが大好きだった。特に夏休みや冬休みは小川に行ってアミで魚をとったり山に行って木を拾ったりしていた。兄弟も親戚も多い私は普段は自分の家にいたけれど、夏休みや冬休みの時は、おばさんやおじさんの家に行って、いとこ達と一緒に思いっきり遊んだ。ある日は、山で拾ってきた木で私たちだけの秘密基地を作った。またある日は、紙でお金を作ってお店さんごっこをした。新聞紙を丸めてボールを作って野球をしたり、しゃもじで卓球もしたりした。周りにあるものが全部遊びの材料だったし、飽きることなく、みんなで何でどう遊ぶかアイデアを出し合った。その頃、私の顔は真っ黒だった。髪はいつも男のように短く、スカートなんかはいたことがない。中学生になって少しおとなしくなった頃、肌がだんだん白くなっていて、何かの病気じゃないかと心配になって母に真剣に聞いたことがある。すると、母は「いつも外で遊んでいるからよ」と言いながら笑っていた。自分の子供の時を思い出すとずいぶんアクティブな子だったなと改めて感じる。

　でも今の子供たちを見ると私の子供の時とは全く違う。小学生であるにも関わらず勉強で遊ぶ時間がなかったり、遊ぶとしてもケータイやゲーム機でおのおの遊ぶ場合が多い。そういうのを見るとなんだか寂しくなる。もちろん時代が違うから流れというものもあるだろうけど、みんなで体を動かして遊ぶ材料も自分達で探していた頃の方がよっぽど楽しかったのではないかと思う。

問1　筆者の子供の時の遊びではないものは次のどれか。

1　山で拾った木で自分達だけの空間を作った。

2　海に行って釣りをした。

3　紙でお金を作ってお店さんごっこをした。

4　新聞紙で野球ボールを作って遊んだ。

問2　下線の<u>なんだか寂しくなる</u>の理由として適切なものはどれか。

1　最近の子供は遊びには興味がなく勉強ばかりしているから

2　最近の遊び方は子供らしくないから

3　みんなで一緒に遊んでいた昔とは違って各自で遊ぶから

4　体を動かすことが嫌いな子供が多いから

問3　本文の内容から分かる筆者の気持ちは何か。

1　時代の流れは、とめることができないので慣れるしかない。

2　最近の小学生は年の割にはおとなびている。

3　デジタル化した遊びより昔の遊び方が楽しい。

4　最近は一人っ子が多いので、親戚と遊ぶ楽しさがわからない。

해석 및 해설 03 수필문

지문 해석

　어렸을 때 밖에서 노는 것을 너무 좋아했다. 특히 여름방학과 겨울방학에는 개천에 가서 그물로 물고기를 잡거나 산에 가서 나무를 줍곤 했다. 형제도 친척도 많은 나는 평소에는 우리 집에 있었지만 여름방학과 겨울방학 때는 고모나 작은아버지 집에 가서 사촌들과 함께 마음껏 놀았다. 어떤 날은 산에서 주워 온 나무로 우리들만의 아지트를 만들었다. 또 어떤 날은 종이로 돈을 만들어서 가게 놀이도 했다. 신문지를 뭉쳐 공을 만들어 야구를 하기도 하고 주걱으로 탁구를 치기도 했다. 주위에 있는 것 전부가 놀이 재료였고 질리지 않고 다 같이 무엇으로 어떻게 놀지 서로 아이디어를 냈다. 그 무렵 내 얼굴은 새까맸다. 머리는 항상 남자 아이처럼 짧았고 치마 같은 것은 입은 적이 없었다. 중학생이 되어서 조금 얌전해졌을 때 피부가 점점 하얘져서 뭔가 병이 있는 건 아닌가 하고 걱정이 돼서 엄마한테 심각하게 물은 적이 있다. 그러자 엄마는 '맨날 밖에서 놀았으니까 그렇지'라고 말하며 웃었다. 내 어린 시절을 떠올리면 꽤나 활동적인 아이였구나 하고 새삼 느낀다.
　하지만 요즘 아이들을 보면 내가 어렸을 때하고는 전혀 다르다. 초등학생인데도 불구하고 공부 때문에 놀 시간이 전혀 없거나 논다고 해도 휴대폰이나 게임기로 각자 노는 경우가 많다. 그런 광경을 보고 있으면 왠지 서글퍼진다. 물론 시대가 다르기 때문에 흐름이라는 것도 있겠지만 다 함께 몸을 움직여서 놀 재료도 스스로 찾았던 때가 훨씬 더 즐거웠던 게 아닌가 하고 생각된다.

단어

特(とく)に 특히 ｜ 小川(おがわ) 개천 ｜ アミ 그물 ｜ 拾(ひろ)う 줍다 ｜ 兄弟(きょうだい) 형제 ｜ 親戚(しんせき) 친척 ｜ 普段(ふだん) 평소 ｜ いとこ 사촌 ｜ 思(おも)いっきり 마음껏 ｜ 秘密基地(ひみつきち) 비밀기지 ｜ ごっこ 어떤 동작의 흉내를 내는 놀이 ｜ 丸(まる)める 둥글게 하다 ｜ 野球(やきゅう) 야구 ｜ しゃもじ 주걱 ｜ 卓球(たっきゅう) 탁구 ｜ 周(まわ)り 주위 ｜ 材料(ざいりょう) 재료 ｜ 飽(あ)きる 질리다 ｜ 出(だ)し合(あ)う 함께 내다 ｜ 真(ま)っ黒(くろ) 새까맘 ｜ 髪(かみ) 머리 ｜ おとなしい 얌전하다 ｜ 肌(はだ) 피부 ｜ だんだん 점점 ｜ 病気(びょうき) 병 ｜ 真剣(しんけん)に 진지하게 ｜ アクティブな 활동적인 ｜ 改(あらた)めて 새삼 ｜ 全(まった)く 전혀 ｜ 違(ちが)う 다르다 ｜ ～にも関(かか)わらず ～에도 불구하고 ｜ おのおの 각자 ｜ 寂(さび)しい 서글프다, 안타깝다 ｜ 流(なが)れ 흐름 ｜ 動(うご)かす 움직이다 ｜ 探(さが)す 찾다 ｜ よっぽど 꽤, 대단히 ｜ おとなびる 어른스러워지다

문제 해설

문 1 필자의 어렸을 적 놀이가 아닌 것은 다음 중 어느 것인가?

1. 산에서 주운 나무로 자신들만의 공간을 만들었다.
2. **바다에 가서 낚시를 했다.**
3. 종이로 돈을 만들어서 가게 놀이를 했다.
4. 신문지로 야구공을 만들어서 놀았다.

해설 첫째 줄 마지막 부분 [小川に行ってアミで魚をとったり]를 보면 알 수 있다. 필자는 바다에 가서 낚시를 한 것이 아니라 개천에 가서 그물로 물고기를 잡았기 때문에 정답은 2번이 된다.

문 2 밑줄 친 곳 왠지 서글퍼진다의 이유로서 적절한 것은 무엇인가?

1. 요즘 아이들은 노는 데에는 관심이 없고 공부만 하고 있기 때문에
2. 요즘의 놀이 방법은 아이답지 못하기 때문에
3. **다 같이 놀던 예전과는 달리 각자 놀기 때문에**
4. 몸을 움직이는 것을 싫어하는 아이들이 많기 때문에

해설 밑줄 앞 부분을 보면 알 수 있다. [小学生にも関わらず~おのおの遊ぶ場合が多い]라고 언급되어 있듯이 요즘 아이들은 공부 때문에 놀 시간이 없거나 놀더라도 휴대폰이나 게임기로 각자 노는 경우가 많고, 그런 모습이 서글프게 느껴진다고 했으므로 정답은 3번이 된다.

문 3 본문의 내용으로 알 수 있는 필자의 생각은 무엇인가?

1. 시대의 흐름은 멈출 수 없기 때문에 적응할 수밖에 없다.
2. 요즘 초등학생은 나이에 비해 어른스럽다.
3. **디지털화 된 놀이보다 예전의 놀이 방법이 더 즐겁다.**
4. 요즘은 외동이 많기 때문에 친척과 노는 즐거움을 모른다.

해설 필자는 마지막 부분에서 놀이는 시대의 흐름이라는 것도 있지만 다 같이 몸을 움직여서 놀이 재료를 찾았던 때가 훨씬 더 즐거웠던 것 같다고 말하고 있으므로 정답은 3번이 된다.

실전 문제 04 논설문

問題 つぎの文章を読んで、質問に答えなさい。答えは、1・2・3・4から最もよいものを一つえらびなさい。

　「①メールはやめた方がいい。短くてもいいから電話がいい。声の調子で気持ちが伝わる。」と最近言われたことがあります。

　メールでは気持ちが伝わらないのではなく、伝わり過ぎる事が問題だという気がしています。主に言葉を組み合わせた文章からなるメールの持つ説得力が弱いはずはありません。文章だけで構成された本を読むことでどれだけの人が感動したかを考えればその影響力の大きさが分かります。

　②人を励ましたいという善意の裏に隠れた気持ちが文章に表われるのかもしれません。本人が意識しないところで、その人に比べれば自分はとても幸せだという形で文章に表われてしまう。電話と違って相手の反応がその場で分からないだけに、その文章に気づかず書き続ける可能性があります。

　メールでいいのかどうか迷うときは、人を励ますメールは書けないと思った方がいいのかもしれません。

問1 ①メールはやめた方がいいとあるが、それはなぜか。

1　メールは電話より不便だから
2　メールでは自分の気持ちをはっきり伝えられないから
3　文章にすると説得力が弱くなるから
4　人を励ますには声のほうが気持ちが伝わるから

問2 ②人を励ましたいという善意の裏に隠れた気持ちとあるが、どんな気持ちなのか。

1　人が幸せなら自分も幸せになれると思う気持ち
2　他人の不幸が自分の幸福になるという気持ち
3　自分は他人より幸せだということが無意識のうちに表われる気持ち
4　他人と比べて自分は不幸だという気持ち

問3　文章の内容と合っているものはどれか。

1　気持ちを伝える時は、電話がいいが短い場合はメールの方もいい。
2　人を励ます時は、できるだけメールで書かないほうがいい。
3　他人とコミュニケーションを行う手段としては電話が一番いい。
4　文章は説得力が弱いが、影響力は大きい。

해석 및 해설 04 논설문

지문 해석

'①문자 메시지는 관두는 편이 좋다. 짧아도 좋으니까 전화가 낫다. 목소리 상태로 감정이 전해진다.'고 최근 들은 적이 있습니다.

문자 메시지로는 감정이 전해지지 않는 것이 아니라 지나치게 전해지는 것이 문제라는 생각이 듭니다. 주로 단어를 조합시킨 문장으로 구성되는 문자 메시지가 가지는 설득력이 약할 리 없습니다. 문장만으로 구성된 책을 읽는 것으로 얼마나 많은 사람이 감동했는가를 생각한다면 그 영향력의 크기를 알 수 있습니다.

②타인을 격려하고 싶다는 선의 뒤에 숨겨져 있는 마음이 문장에 표현되는 것일지도 모릅니다. 본인은 의식하지 못하지만, 그 사람에 비하면 나는 아주 행복하다는 식으로 문장에 표현되는 것입니다. 전화와 달리 상대의 반응을 그 상황에서 모르는 만큼, 그 문장을 깨닫지 못하고 계속 쓰게 될 가능성이 있습니다.

문자 메시지로 쓰는 것이 괜찮을지 아닐지 망설여질 때는, 남을 격려하는 문자 메시지는 쓸 수 없다고 생각하는 편이 나을지도 모릅니다.

단어

~た方(ほう)がいい ~하는 게 좋다 | 調子(ちょうし) 상태, 어조 | 伝(つた)わる 전해지다 | 気(き)がする 기분이 들다 | 主(おも)に 주로 | 組(く)み合(あ)わせる 조합하다 | ~からなる ~으로 구성된 | 説得力(せっとくりょく) 설득력 | 構成(こうせい)する 구성하다 | ~ことで ~해서, ~로 인해 | どれだけ 얼마만큼, 얼마나 | 感動(かんどう)する 감동하다 | 影響力(えいきょうりょく) 영향력 | 励(はげ)ます 격려하다 | 善意(ぜんい) 선의 | 裏(うら)に隠(かく)れる 뒤에 숨겨지다 | 表(あら)われる 나타나다, 드러나다 | 意識(いしき)する 의식하다 | 幸(しあわ)せだ 행복하다 | ~と違(ちが)って ~와 달리 | 反応(はんのう) 반응 | その場(ば)で 그 자리에서, 즉석에서 | ~だけに ~인 만큼 | ~に気(き)づく ~을 눈치채다, ~을 깨닫다 | ~かどうか ~인지 아닌지 | 迷(まよ)う 망설이다 | 不便(ふべん)だ 불편하다 | はっきり 확실히, 분명하게 | 不幸(ふこう) 불행 | 幸福(こうふく) 행복 | 無意識(むいしき) 무의식 | ~のうちに ~중에 | できるだけ 가능한 한 | 行(おこな)う 행하다 | 手段(しゅだん) 수단 | ~としては ~로서는

문제 해설

문1 ①문자 메시지는 관두는 편이 좋다고 했는데, 그것은 왜인가?

1. 문자 메시지는 전화보다 불편하니까
2. 문자 메시지로는 자신의 마음을 확실히 전할 수 없으니까
3. 문장으로 하면 설득력이 약해지니까
4. **남을 격려하는 데에는 목소리가 더 마음이 전해지니까**

해설 1번, 보기와 같은 내용은 본문에 언급되어 있지 않으므로 답이 아니다. 2번, 두 번째 단락의 첫 번째 문장인 [メールでは気持ちが伝わらないのではなく、伝わり過ぎる事が問題だという気がしています]로부터, 본문과 일치하지 않음을 알 수 있다. 3번, 두 번째 단락의 두 번째 문장인 [主に言葉を組み合わせた文章からなるメールの持つ説得力が弱いはずはありません]으로부터, 보기와 정반대의 내용을 포함하므로 답이 아니다. 4번, 첫째 줄 후반부의 [声の調子で気持ちが伝わる]로부터 4번이 답임을 알 수 있다.

문2 ②타인을 격려하고 싶다는 선의 뒤에 숨겨져 있는 마음이라고 했는데, 어떤 마음인가?

1. 남이 행복하다면 자신도 행복해질 수 있다고 생각하는 마음
2. 타인의 불행이 자신의 행복이 된다는 마음
3. **자신은 타인보다 행복하다는 것이 무의식중에 표현되는 마음**
4. 타인과 비교해 자신은 불행하다는 마음

해설 밑줄 문제는 해당 부분의 뒷부분을 보면 답이 나올 가능성이 높다. 뒷문장인 [本人が意識しないところで、その人に比べれば自分はとても幸せだという形で文章に表われてしまう]로부터, 3번이 답임을 알 수 있다.

문3 문장의 내용과 일치하는 것은 어느 것인가?

1. 마음을 전할 때에는 전화가 좋지만 짧을 경우에는 문자 메시지가 낫다.
2. **남을 격려할 때는 되도록 문자 메시지로 쓰지 않는 편이 좋다.**
3. 타인과 커뮤니케이션을 하는 수단으로는 전화가 가장 좋다.
4. 문장은 설득력이 약하지만 영향력은 크다.

해설 1번, 첫 번째 단락을 보면 문자 메시지보다는 짧아도 전화가 감정을 전하기에 좋다고 했으니 1번은 답이 아니다. 2번, 세 번째 단락과 마지막 문장을 보면 문자 메시지에는 자신도 의식하지 못하는 사이에 속마음이 문장에 표현될 수 있으니 남을 격려하는 문자 메시지는 쓸 수 없다고 생각하라는 언급이 있으므로 2번이 정답이다. 3번, 이 글에서는 감정을 전하는 데는 문자 메시지보다 전화가 낫다고는 언급되었지만, 그 어떤 수단보다 전화가 가장 좋다는 말은 없으므로 답이 아니다. 4번, 두 번째 단락에서 문장은 설득력이 약할 리 없다고 했으므로 답이 아니다.

실전 문제 05 수필문

問題　つぎの文章を読んで、質問に答えなさい。答えは、1・2・3・4から最もよいものを一つえらびなさい。

　①お金の貸し借りはできることならしないほうがよいが、ここで大切なのが、「お金を借りたら、できるだけはやく返す」ということ。貸したほうは、なかなか「返して」とは言えないものだ。

　しかし、多額のお金の貸し借りは人間関係が悪くなるだけでなく、結局返ってこない場合が多いから、「貸すならあげてしまう覚悟で貸す」というふうに考えたほうがいい。

　また、人にごちそうになったりプレゼントをもらった時も同じで、どんなことでもいいから、何らかの形でお返しすべきだ。②お返しの方法はいろいろある。

　たとえば、相手が欲しがっていたCDや本などをプレゼントする、相手が喜びそうな「情報」を提供する、などである。

　高額なものでなくても、「相手のためになること」を心を込めて実践すれば、「お返し」のつもりでしていることが逆にお礼を言われ、感謝されるのだ。

　大切なのは「お返しをしよう」という気持ちだし、そうすることにより、必ずそれ以上のものが返ってくるものだ。

問1 ①お金の貸し借りについて正しいものはどれか。

1 そんなにたくさんのお金じゃなければ、すぐ返してもらったほうがいい。
2 多額のお金は貸してあげても返してもらえないから少しだけ貸した方がいい。
3 小銭くらいは、いつでも貸してもらえるからうれしいものだ。
4 人にお金を貸す時は、相手との関係について考える必要がある。

問2 ②お返しの方法として正しいものはどれか。

1 高くておいしいものをごちそうになったのであれば、そのままお返しすべきだ。
2 好きな相手なら、高額のプレゼントをしたほうがいい。
3 感謝されたり、お礼を言われたりしたかったら、高いものを用意したほうがいい。
4 心の込められたものなら、高いものでなくても相手に感謝されるものだ。

問3 本文の内容と合っているものはどれか。

1 お返しする気持ちだけで、それ以上のものが返ってくる。
2 お金を借りたらなるべく早く返して、お礼を言ってもらったほうがいい。
3 お返しの方法はいろいろあるが、大切なのは心を込めて実践する気持ちである。
4 多額のお金を貸すなら、二度とその人と会わないつもりで貸したほうがいい。

해석 및 해설 05 수필문

지문 해석

　①돈 거래는 가능하다면 하지 않는 것이 좋지만, 여기서 중요한 것이 '돈을 빌리면 가능한 한 빨리 갚는다'는 것. 빌려준 사람은 좀처럼 '돌려 달라'고 말할 수 없기 마련이다.
　그러나 거액의 돈 거래는 인간관계가 나빠질 뿐 아니라 결국 돌려 받지 못하는 경우가 많아서 '빌려주려면 그냥 줄 각오로 빌려준다'는 식으로 생각하는 편이 좋다.
　또 남에게 대접을 받거나 선물을 받았을 때도 마찬가지로, 어떤 것이라도 좋으니까 어떤 형태로든 갚아야 한다. ②갚는 방법은 여러 가지 있다.
　예를 들어 상대가 갖고 싶어 했던 CD나 책 등을 선물하기, 상대가 기뻐할 만한 '정보' 제공하기 등이다.
　비싼 것이 아니어도 '상대방에게 도움이 되는 것'을 마음을 담아 실천한다면 '돌려주기' 위해 하는 것이 오히려 감사하다는 인사를 듣게 되는 것이다.
　중요한 것은 '갚아야지'라는 마음이며, 그렇게 함으로써 반드시 그 이상의 것이 되돌아오는 법이다.

단어

貸(か)し借(か)り 대차, 빌려주고 빌리는 것 | **ありがたい** 고맙다 | **お金(かね)を借(か)りる** 돈을 빌리다 | **返(かえ)す** 갚다 | **~ものだ** ~하기 마련이다 | **多額(たがく)** 고액 | **結局(けっきょく)** 결국 | **覚悟(かくご)** 각오 | **ごちそうになる** 대접받다 | **形(かたち)** 모양, 형태 | **~べきだ** ~해야 한다 | **たとえば** 예를 들어 | **欲(ほ)しがっている** 갖고 싶어 하다 | **喜(よろこ)ぶ** 기뻐하다 | **情報(じょうほう)** 정보 | **提供(ていきょう)する** 제공하다 | **高額(こうがく)** 고액 | **心(こころ)を込(こ)める** 마음을 담다 | **実践(じっせん)する** 실천하다 | **お返(かえ)し** 답례 | **~つもりで** ~할 작정으로 | **逆(ぎゃく)に** 반대로 | **お礼(れい)を言(い)う** 감사 인사를 하다, 사례하다 | **小銭(こぜに)** 잔돈 | **用意(ようい)する** 준비하다 | **なるべく** 가능한 한 | **二度(にど)と** 두 번 다시

문제 해설

문1 ①돈 거래에 대해 올바른 것은 어느 것인가?
1. 그렇게 많은 돈이 아니라면 곧 돌려 받는 편이 낫다.
2. 거액의 돈은 빌려주어도 되돌려 받을 수 없으니까 조금만 빌려주는 편이 좋다.
3. 잔돈 정도는 언제라도 빌릴 수 있으니까 기쁜 것이다.
4. **남에게 돈을 빌려줄 때는 상대와의 관계에 대해 생각할 필요가 있다.**

해설 두 번째 단락 [多額のお金の貸し借りは人間関係が悪くなるだけでなく]로부터, 돈 거래를 할 경우 인간관계가 나빠질 수 있다는 것을 염두에 두어야 함을 알 수 있다. 따라서, 답은 4번으로 유추할 수 있다.

문2 ②갚는 방법으로 올바른 것은 어느 것인가?
1. 비싸고 맛있는 것을 대접 받았다면 그대로 갚아야 한다.
2. 좋아하는 상대라면 비싼 선물을 하는 편이 좋다.
3. 감사를 받거나 감사 인사를 듣고 싶다면 비싼 것을 준비하는 편이 낫다.
4. **마음이 담겨 있는 것이라면 비싼 것이 아니라도 상대가 감사하기 마련이다.**

해설 본문의 끝에서 두 번째 단락 [高額なものでなくても、「相手のためになること」を心を込めて実践すれば、「お返し」のつもりでしていることが逆にお礼を言われ、感謝されるのだ]로부터, '고액의 물건이 아니더라도 마음을 담아 실천하면 감사하다는 인사를 듣게 된다'라고 언급되어 있으므로 4번이 정답이다.

문3 본문의 내용과 일치하는 것은 어느 것인가?
1. 갚으려는 마음만으로 그 이상의 것이 돌아온다.
2. 돈을 빌렸다면 가능한 한 빨리 갚고, 감사 인사를 듣는 것이 좋다.
3. **갚는 방법은 여러 가지 있지만, 중요한 것은 정성을 담아 실천하는 마음이다.**
4. 거액의 돈을 빌려준다면, 두 번 다시 그 사람과 만나지 않을 작정으로 빌려주는 것이 낫다.

해설 세 번째 단락 [お返しの方法はいろいろある]와 다섯 번째 단락 [心を込めて実践すれば、「お返し」のつもりでしていることが逆にお礼を言われ、感謝されるのだ]로부터 3번이 답임을 알 수 있다.

실전 문제 06 수필문

問題　つぎの文章を読んで、質問に答えなさい。答えは、1・2・3・4から最もよいものを一つえらびなさい。

　①「指示待ち族」というのは、「指示されなければやらない」「指示されたことしかできない」人のことを指します。

　何かを頼んだ時、「はい」と返事はしても、その仕事に対して、何の質問も返ってこない時は要注意。「指示されたことについて、質問も確認もなく、中間報告もない」というのが、「指示待ち族」の大きな特徴。このような後輩の中には、「言われなかったからやりませんでした」「聞いてません」などと言う人が多いです。

　こちらがあれこれ指示しないと、まったく動かない②「指示待ち後輩」に指示をする時は、その仕事の目的をはっきり理解させることが大切。目的をはっきり伝えることで、ある程度の応用力が身についてきます。

　会議用の資料のコピーを頼む時などは、「これは何の会議で、何時に使用するのか。どういう人が何人出席するのか」をしっかりと伝えます。

　そのことにより、「どのような形で準備しなくてはいけないのか」ということが次第に分かってくるのです。

問1　①「指示待ち族」とはどんな人のことを言っているか。

1　自分に何ができるかを考えて指示を待っている人
2　会社の上司から何かを指示されるとすぐ実行する人
3　指示する人にいろいろ質問をして困らせる人
4　言われたことだけをやって、チェックも報告もしない人

問2　②「指示待ち後輩」に指示をする時、注意しなければならないことは何か。一番適当なものをひとつ選びなさい。

1　考えながら仕事をするように、目的についてはっきり理解させる必要がある。
2　指示した仕事の内容について、何回も質問して確認させる必要がある。
3　指示した仕事の中間報告を忘れないように何度も確認する必要がある。
4　指示した仕事をきちんとしているのか、他の人に確認させる必要がある。

問3　この文章の内容と合っているものはどれか。

1　「指示持ち族」は会社を辞めさせるしかない。
2　指示したことについて質問をする人は、仕事ができない人である。
3　指示しないと動かない人には、無理して仕事をやらせないほうがいい。
4　指示した仕事の目的をはっきり伝えることは大切である。

해석 및 해설 06 수필문

지문 해석

①'지시 대기족'이라는 것은 '지시 받지 않으면 하지 않는' '지시 받은 것밖에 못하는' 사람을 가리킵니다.

무언가를 부탁했을 때 '네'라고 대답은 해도, 그 일에 대해 어떤 질문도 하지 않을 때는 요주의. '지시 받은 일에 대해 질문도 확인도 없고, 중간보고도 없다'는 것이 '지시 대기족'의 큰 특징. 이런 후배들 중에는 '하라는 말을 안 해서 하지 않았습니다' '듣지 못했습니다' 라는 식으로 말하는 사람이 많습니다.

이쪽에서 이것저것 지시하지 않으면 전혀 움직이지 않는 ②'지시 대기 후배'에게 지시를 할 때는 그 일의 목적을 확실하게 이해시키는 것이 중요합니다. 목적을 확실히 전달함으로써 어느 정도의 응용력이 생깁니다.

회의용 자료 복사를 부탁할 때는 '이것은 어떤 회의이며, 몇 시에 사용하는지, 어떤 사람이 몇 명 출석하는지'를 확실히 전달합니다.

그렇게 함으로써 '어떤 식으로 준비하지 않으면 안 되는지' 등등을 점차 알게 되는 것입니다.

단어

指示(しじ) 지시 | 待(ま)ち 대기 | ~族(ぞく) ~족 | 頼(たの)む 부탁하다, 의뢰하다 | 返事(へんじ) 대답 | 要注意(ようちゅうい) 요주의, 주의가 필요함 | ~について ~에 대해서 | 確認(かくにん) 확인 | 中間報告(ちゅうかんほうこく) 중간보고 | 特徴(とくちょう) 특징 | 後輩(こうはい) 후배 | あれこれ 이것저것 | まったく 전혀 | ~ことで ~함으로써, ~로 인해 | 応用力(おうようりょく) 응용력 | 身(み)につく 몸에 배다, 익혀지다 | 資料(しりょう) 자료 | しっかりと 확실히, 똑똑히 | 準備(じゅんび) 준비 | ~なくてはいけない ~하지 않으면 안 되다 | 次第(しだい)に 점차, 차츰 | 上司(じょうし) 상사 | 実行(じっこう)する 실행하다 | きちんと 정확히 | 会社(かいしゃ)を辞(や)める 회사를 그만두다 | 無理(むり)して 무리해서, 억지로

> **문제 해설**

문1 ① '지시 대기족'이란 어떤 사람을 말하는 것인가?
1 자신이 무엇을 할 수 있을까를 생각하며 지시를 기다리고 있는 사람
2 회사 상사로부터 무언가를 지시 받으면 곧바로 실행하는 사람
3 지시하는 사람에게 여러 질문을 해서 곤란하게 만드는 사람
4 시킨 일만 하고, 확인도 보고도 하지 않는 사람

해설 1번, 「指示待ち族」는 지시가 있기 전에는 능동적인 행동을 취하지 않기 때문에 답이 아니다. 2번, 「指示待ち族」의 초점은 지시가 있기 전에는 아무 행동도 취하지 않는 것에 맞춰져 있으므로 정답과는 거리가 멀다. 3번, 「指示待ち族」는 질문도 확인도 중간보고도 하지 않는 것이 특징이므로 답이 아니다. 4번, 해당 밑줄이 무엇을 가리키는지를 묻는 문제는 밑줄의 앞과 뒤를 확인하면 알 수 있다. 바로 뒷부분 [「指示されなければやらない」「指示されたことしかできない」人のことを指します]에 언급되어 있으며, [「指示されたことについて、質問も確認もなく、中間報告もない」というのが、「指示待ち族」の大きな特徴]로부터 4번이 답임을 알 수 있다.

문2 ② '지시 대기 후배'에게 지시를 할 때, 주의해야 하는 것은 무엇인가? 가장 적당한 것을 하나 고르시오.
1 생각하면서 일을 하도록 목적에 대해 확실히 이해시킬 필요가 있다.
2 지시한 일의 내용에 대해 몇 번이고 질문해서 확인시킬 필요가 있다.
3 지시한 일의 중간보고를 잊지 않도록 몇 번이고 확인할 필요가 있다.
4 지시한 일을 제대로 하고 있는지 다른 사람에게 확인시킬 필요가 있다.

해설 이 문제 또한 問1과 같이 밑줄의 뒷부분을 유심히 볼 필요가 있다. 뒷부분에 [指示をする時は、その仕事の目的をはっきり理解させることが大切]라고 언급되어 있으므로 1번이 정답이다.

문3 이 글의 내용과 일치하는 것은 어느 것인가?
1 '지시 대기족'은 회사를 그만두게 할 수밖에 없다.
2 지시한 일에 대해 질문하는 사람은 일을 할 수 없는 사람이다.
3 지시하지 않으면 움직이지 않는 사람에게는 무리해서 일을 시키지 않는 편이 좋다.
4 지시한 일의 목적을 확실히 전달하는 것은 중요하다.

해설 본문의 세 번째 단락 [指示をする時は、その仕事の目的をはっきり理解させることが大切]로부터 4번이 답임을 알 수 있다.

실전 문제 07 수필문

問題　つぎの文章を読んで、質問に答えなさい。答えは、1・2・3・4から最もよいものを一つえらびなさい。

　　毎日顔をあわせていると、嫌でも①相手の欠点が見えるものです。こんな経験はありませんか？
　　どんなにこちらから明るく話しかけても、すぐ返事が来ない。たまに相手から話しかけてきたと思ったら、くだらないことばかり。苦手なタイプの人がいるせいで、自分自身が嫌な人間になっていくような気がして、悔しくてたまらない。
　　そんな時は一度、自分のことを客観的に見てみましょう。
　　②自分のことは自分が一番分かっていると思っていても、意外と分かっていないものです。相手に不平不満をもつ前に、自分の行動や発言についてもう一度深く考えてみましょう。
　　自分では一生懸命やっていると思っても、自分だけの頑張りだったりする可能性もあります。時には、社内の人から「変な人」「変わっている」と呼ばれているのは、実は「自分」だった、ということもあるのです。
　　たまには、自分自身の意識を変えて、冷静に見つめなおしてみるのもいいのではないかと思います。

問1 筆者は、①相手の欠点が見える時、どうすればいいと言っているか。

1 苦手なタイプの人だから話しかけてきても相手にしない。
2 相手に不満を持つ前に、自分のことを冷静に考えてみる。
3 自分とは関係ないことだから気にしないで自分の仕事に頑張る。
4 「変な人」とか「変わっている」と思って見つめなおしてみる。

問2 ②自分のことは自分が一番分かっているとあるが、これに対して筆者はどう思っているか。

1 自分のことを客観的に見るのは意外と難しいことだ。
2 自分のことを客観的に見られるのは自分しかいない。
3 自分のことを冷静に考えられるのは自分だけだ。
4 自分のことを冷静に考えることは大変なことではない。

問3 この文章で筆者が一番言いたいことはどれか。

1 相手の欠点が見えるのは自分が悪いからだ。
2 相手のせいで自分自身が変な人になるのだ。
3 自分の考え方を変えてみるのも必要だ。
4 自分は悪くないという確信を持つべきだ。

해석 및 해설 07 수필문

지문 해석

매일 얼굴을 마주하고 있으면 싫어도 ①상대의 결점이 보이기 마련입니다.
이런 경험은 없습니까?
아무리 내 쪽에서 밝게 말을 걸어도 바로 대답이 없다. 어쩌다 상대가 말을 걸어 왔다고 생각했는데 쓸데없는 말뿐. 맞지 않는 타입의 사람이 있는 탓에, 자기 자신이 나쁜 사람이 되어 가는 듯한 기분이 들어 억울해 견딜 수 없다.
그런 때는 한 번 자신을 객관적으로 돌아봅시다.
②자신에 관한 것은 자신이 제일 잘 안다고 생각하지만 의외로 잘 모르는 법입니다. 상대에게 불평불만을 가지기 전에 자신의 행동과 발언에 대해 한 번 더 깊이 생각해 봅시다.
자신은 열심히 하고 있다고 생각해도 자기만의 노력이었을 가능성도 있습니다. 때로는 회사 사람들에게 '이상한 사람' '특이하다'고 불리고 있는 것이 사실은 '자신'이었다는 일도 있습니다.
가끔은 자기 자신의 의식을 바꿔 냉정하게 자신을 되돌아보는 것도 좋지 않을까 생각합니다.

단어

顔(かお)をあわせる 얼굴을 마주하다 | **嫌(いや)だ** 싫다 | **欠点(けってん)** 결점 | **経験(けいけん)** 경험 | **話(はな)しかける** 말을 걸다 | **たまに** 간혹, 이따금 | **くだらない** 시시하다, 쓸모없다 | **~ばかり** ~뿐 | **苦手(にがて)** 대하기 싫은 상대 | **~せいで** ~탓에 | **自分自身(じぶんじしん)** 자기 자신 | **気(き)がする** 기분이 들다 | **悔(くや)しい** 분하다, 억울하다 | **~てたまらない** ~해서 견딜 수 없다 | **客観的(きゃっかんてき)** 객관적 | **意外(いがい)と** 의외로 | **不平(ふへい)** 불평 | **不満(ふまん)** 불만 | **行動(こうどう)** 행동 | **発言(はつげん)** 발언 | **~について** ~에 대해서 | **一生懸命(いっしょうけんめい)** 열심히 | **頑張(がんば)り** 분발, 견디어 냄 | **可能性(かのうせい)** 가능성 | **時(とき)には** 때로는 | **変(へん)だ** 이상하다 | **変(か)わっている** 별나다, 특이하다 | **冷静(れいせい)に** 냉정하게 | **見(み)つめなおす** 되돌아보다 | **相手(あいて)にする** 상대하다 | **気(き)にする** 신경 쓰다 | **確信(かくしん)を持(も)つ** 확신을 가지다 | **~べきだ** ~해야 한다

문제 해설

문1 필자는 ①상대의 결점이 보일 때 어떻게 하면 좋다고 말하고 있는가?

1 맞지 않는 타입의 사람이니까 말을 걸어 와도 상대하지 않는다.
2 상대에게 불만을 가지기 전에 자신을 냉정하게 생각해 본다.
3 자신과는 관계없는 일이니까 신경 쓰지 말고 자신의 일에 힘쓴다.
4 '이상한 사람'이라든가 '특이하다'고 생각하고 자신을 되돌아본다.

해설 본문 중간의 [そんな時は一度、自分のことを客観的に見てみましょう]와 다음 문장 [相手に不平不満をもつ前に、自分の行動や発言についてもう一度深く考えてみましょう]로부터, 2번이 답임을 알 수 있다.

문2 ②자신에 관한 것은 자신이 제일 잘 안다고 하는데, 이에 대해 필자는 어떻게 생각하는가?

1 자신을 객관적으로 보는 것은 의외로 어려운 일이다.
2 자신을 객관적으로 볼 수 있는 것은 자신밖에 없다.
3 자신을 냉정하게 생각할 수 있는 것은 자신뿐이다.
4 자신을 냉정하게 생각하는 것은 힘든 일이 아니다.

해설 1번, 해당 밑줄의 뒷부분 [意外と分かっていないものです]로부터, 자기 자신을 자기가 제일 잘 알고 있다고 생각하지만, 의외로 모르고 있다고 했으므로 그것이 어렵다는 것을 알 수 있다. 따라서 1번이 정답이다. 2, 3번, 마찬가지로 해당 밑줄 뒷부분의 내용과 반대되는 말이므로 답과는 거리가 멀다. 4번, 필자는 본문에서 자신을 냉정하게 객관적으로 볼 필요가 있다고 언급하고 있으므로, 답이 아니다.

문3 이 글에서 필자가 가장 말하고 싶은 것은 어느 것인가?

1 상대의 결점이 보이는 것은 자신이 나쁘기 때문이다.
2 상대 때문에 자기 자신이 이상한 사람이 되는 것이다.
3 자신의 사고방식을 바꿔 보는 것도 필요하다.
4 자신은 나쁘지 않다는 확신을 가져야 한다.

해설 필자의 주장이 드러난 부분은 본문의 마지막 부분 [自分自身の意識を変えて、冷静に見つめなおしてみるのもいいのではないかと思います]이며, 이로부터 3번이 답임을 알 수 있다.

실전 문제 08 논설문

問題　つぎの文章を読んで、質問に答えなさい。答えは、1・2・3・4から最もよいものを一つえらびなさい。

　①相手が反抗的な態度をとるのは、うまくコミュニケーションがとれていないからにほかなりません。普段から対話がなかったり、伝えるべきことを伝えていないということがないか、自分自身で考えてみましょう。

　②人間関係がうまくいっていれば、きちんと話し合いによって解決することができるものです。しかし、一度悪くなった関係は、そうすぐにはよくなるものではありません。

　そこで、途中であれこれ言うのはやめましょう。つまり、「最初の指示」と「このような結果を求めている」ということを示すだけで、あとは必要以上のことは言わないようにするのです。そして、よい結果ができた時には、ほめて認めてあげましょう。そうすることで、相手もだんだんと心を開いてくれるはずです。

　また、職場がオープンでいい雰囲気であることも重要なポイントです。反抗的な態度をとる人は、感情的な人なので、うまく能力を引き出せばがんばって仕事を進めてくれ、最終的には一番の協力者になってくれる可能性もあるのです。

問1 ①相手が反抗的な態度をとる理由として合っているものはどれか。

1 普段、相手とよくけんかをしているから
2 普段から相手とうまくコミュニケーションが取れていないから
3 普段から自分自身について考えてみることなどしないから
4 伝えなくてもいいことを伝えてしまうから

問2 ②人間関係をよくするために必要なことは何か。

1 相手が納得のいかないことをしたら、勇気づけられる言葉をかけること
2 人間関係が悪くなった場合はすぐあきらめること
3 すぐ感情的にならず、必要以上のことは言わないようにすること
4 途中で関係が悪くなってもすぐよくなることもあるから気にしないこと

問3 この文章の内容と合っているものはどれか。

1 人間関係がうまくいくには意見をお互いに譲ることだ。
2 相手のことを認めてあげれば、心が開けるようになるものだ。
3 反抗的な人は感情的になりやすいので、協力を得ることは難しい。
4 反抗的な人に同調するような環境では、いい雰囲気が作られる。

해석 및 해설 08 논설문

지문 해석

①상대가 반항적인 태도를 취하는 것은 커뮤니케이션이 잘 이루어지지 않기 때문입니다. 평소에 대화가 없었다거나 전달해야 할 것을 전달하지 않은 일이 없는지 스스로 생각해 봅시다.

②인간관계가 잘 되고 있다면, 정확히 이야기를 나눠서 해결할 수 있는 것입니다. 그러나, 한 번 나빠진 관계는 그렇게 쉽게는 좋아지지 않습니다.

그때 도중에 이것저것 이야기하는 것은 피합시다. 다시 말해서 '최초의 지시'와 '이러한 결과를 원한다'는 것을 제시할 뿐, 그 다음은 필요 이상의 말은 하지 않도록 하는 것입니다. 그리고 좋은 결과가 나왔을 때는 칭찬하고 인정해 줍시다. 그러면 상대도 점점 마음을 열어 줄 것입니다.

또 직장이 개방적이고 분위기가 좋은 것도 중요한 포인트입니다. 반항적인 태도를 취하는 사람은 감정적인 사람이라서, 능력을 잘 이끌어 낸다면 열심히 일을 진행해 주고 최종적으로는 가장 든든한 협력자가 되어 줄 가능성도 있는 것입니다.

단어

反抗的(はんこうてき) 반항적 | 態度(たいど)をとる 태도를 취하다 | ～からにほかならない 다름아닌 ～때문이다 | 普段(ふだん)から 평소부터, 평소에 | うまくいく 잘 되어 가다 | 話(はな)し合(あ)い 의논, 교섭 | ～によって ～에 의해 | 途中(とちゅう)で 도중에 | あれこれ 이것저것 | 求(もと)める 요구하다 | ～ないようにする ～하지 않도록 하다 | ほめる 칭찬하다 | 認(みと)める 인정하다 | だんだんと 점점 | 職場(しょくば) 직장 | 雰囲気(ふんいき) 분위기 | 感情的(かんじょうてき) 감정적 | 能力(のうりょく) 능력 | 引(ひ)き出(だ)す 끌어내다 | 最終的(さいしゅうてき) 최종적 | 協力者(きょうりょくしゃ) 협력자 | けんかをする 싸움을 하다 | 勇気(ゆうき)づける 용기를 복돋우다 | あきらめる 포기하다 | お互(たが)いに 서로 | 譲(ゆず)る 양보하다 | ～ことだ ～해야 한다

문제 해설

문1 ①상대가 반항적인 태도를 취하는 이유로 맞는 것은 어느 것인가?

1. 평소 상대와 자주 싸움을 하고 있어서
2. **평소에 상대와 커뮤니케이션이 잘 되지 않아서**
3. 평소에 자기 자신에 대해 생각해 보는 것 등을 하지 않아서
4. 전달하지 않아도 되는 것을 전달해 버려서

해설 밑줄 바로 뒷부분에 [うまくコミュニケーションがとれていないからにほかなりません]이라고 언급되어 있으므로, 정답은 2번이다.

문2 ②인간관계를 좋게 하기 위해서 필요한 것은 무엇인가?

1. 상대가 납득이 가지 않는 일을 한다면 용기를 북돋워 주는 말을 건네는 것
2. 인간관계가 나빠졌을 경우는 곧 포기하는 것
3. **곧바로 감정적이 되지 말고, 필요 이상의 말은 하지 않도록 하는 것**
4. 도중에 관계가 나빠져도 곧바로 좋아지는 일도 있으니 신경 쓰지 않는 것

해설 1번, 본문에 언급되어 있지 않다. 2번, 보기와 관련하여 본문에서는 한 번 나빠진 관계는 금방은 좋아지지 않는다고 언급되어 있을 뿐, 포기한다는 내용은 없다. 3번, 세 번째 단락 중 [つまり、「最初の指示」と「このような結果を求めている」ということを示すだけで、あとは必要以上のことは言わないようにするのです]로부터, 3번이 답임을 알 수 있다. 4번, 두 번째 단락의 마지막 문장 중 [一度悪くなった関係は、そうすぐにはよくなるものではありません]으로부터, 답이 아님을 알 수 있다.

문3 이 글의 내용과 일치하는 것은 어느 것인가?

1. 인간관계가 잘 유지되기 위해서는 의견을 서로 양보해야 한다.
2. **상대를 인정해 주면 마음이 열리기 마련이다.**
3. 반항적인 사람은 감정적으로 되기 쉬워서 협력을 얻는 것은 어렵다.
4. 반항적인 사람에게 동조하는 듯한 환경에서는 좋은 분위기가 형성된다.

해설 1번, 본문에 언급된 바가 없다. 2번, 세 번째 단락의 마지막 두 문장 [そして、よい結果ができた時には、ほめて認めてあげましょう。そうすることで、相手もだんだんと心を開いてくれるはずです。]에서, 칭찬하고 인정해 주는 것이 상대의 마음을 열게 해 준다고 언급되어 있으므로, 정답이다. 3번, 글의 마지막 문장인 [反抗的な態度をとる人は、感情的な人なので、うまく能力を引き出せばがんばって仕事を進めてくれ、最終的には一番の協力者になってくれる可能性もあるのです]로부터, 답이 아님을 알 수 있다. 4번, 본문에 언급된 바가 없다.

실전 문제 09 수필문

問題 つぎの文章を読んで、質問に答えなさい。答えは、1・2・3・4から最もよいものを一つえらびなさい。

「夜、子どもがなかなか早く寝てくれない。」「子どもの寝る時間が少ない気がする。体は大丈夫なの？」……①働くママたちから、そんな声がよく聞かれます。忙しい毎日の中でも、子どもと一緒にいる時間はできるだけ多く取りたいと思うこともあって、子どもが夜遅くまで起きていることが多いです。

でも、子どもにとっては、寝ることは食事と同じくらい大切なものです。医者たちは、「寝ること・食べること・お風呂に入ること」が、子どもの成長にもっとも大切なものであると話しています。最近は、11時、12時まで起きている子どももいますが、夜は9時までには寝かせたいものです。

それに、ママも自分の時間がほしいと思っているでしょう。子どもと遊ぶのは楽しいけれど、いつまでも起きていられると、自分が好きな本も読めないし、テレビも見られない、家事もできなくて困ります。

どのようにすれば、②子どもが早く寝るようになるのでしょうか？

問1　この文章で、①働くママたちが心配しているのはどれか。

1　自分の時間がなくなるということ

2　あまり寝ない子どもの成長や健康のこと

3　子どもといっしょにいる時間がないこと

4　テレビも見られないほど忙しいこと

問2　②子どもが早く寝るようにすることはどうして大切なのか。

1　本を読むなど、ママも自分の時間が欲しいから

2　子どもは夜9時までには寝ないといけないから

3　医者たちからそうするように言われたから

4　寝ることは、子どもの成長に大切なものだから

問3　この文章の内容と合っているのはどれか。

1　子どもが夜遅くまで起きているのは、ママたちを困らせるためだ。

2　子どもと遊ぶのは楽しくないし、自分の時間がなくて困る。

3　子どもにとっては、寝ることも、食事もとても大切なものである。

4　子どもの成長のためには、子どもと一緒にいる時間を少なくした方がいい。

해석 및 해설 09 수필문

지문 해석

'밤에 아이들이 좀처럼 빨리 잠들어 주지 않는다.' '아이들이 잠자는 시간이 적은 느낌이다. 몸은 괜찮을까?'…… ①일하는 엄마들로부터 그런 말을 자주 듣습니다. 매일 바쁜 와중에도 아이들과 함께 있는 시간을 가능한 한 많이 갖고 싶기도 해서, 아이들이 밤늦게까지 깨어 있는 경우가 많습니다.

그러나 아이들에게 있어서 잠을 자는 것은 식사와 마찬가지로 중요한 것입니다. 의사들은 '잠자는 것·먹는 것·목욕하는 것'이 아이들의 성장에 가장 중요한 것이라고 말합니다. 최근에는 11시, 12시까지 깨어 있는 아이도 있습니다만, 밤9시까지는 재우고 싶습니다.

더욱이 엄마들도 자기 시간을 갖고 싶다고 생각하겠지요? 아이들과 노는 것은 즐겁지만 (아이가) 언제까지나 깨어 있으면 자신이 좋아하는 책도 읽지 못하고, TV도 보지 못하고, 집안 일도 할 수 없어 곤란합니다.

어떻게 하면 ②아이들이 빨리 자게 될까요?

단어

気(き)がする 기분이 들다 | **働(はたら)く** 일하다 | **できるだけ** 가능한 한 | **時間(じかん)を取(と)る** 시간을 가지다 | **~にとっては** ~에게 있어서는, ~에게는 | **医者(いしゃ)** 의사 | **お風呂(ふろ)に入(はい)る** 목욕하다 | **成長(せいちょう)** 성장 | **~までに** ~까지 | **寝(ね)かせる** 재우다 | **~たいものだ** ~하고 싶다(강조) | **家事(かじ)** 집안일 | **~ようになる** ~하게 되다 | **心配(しんぱい)する** 걱정하다 | **健康(けんこう)** 건강 | **どうして** 왜, 어째서

문제 해설

문1 이 글에서 ①일하는 엄마들이 걱정하고 있는 것은 어느 것인가?

1 자신의 시간이 없어진다는 것
2 별로 잠을 자지 않는 아이들의 성장과 건강
3 아이와 함께 있는 시간이 없는 것
4 TV도 볼 수 없을 정도로 바쁜 것

해설 글의 첫 문장 [「夜、子どもがなかなか早く寝てくれない。」「子どもの寝る時間が少ない気がする。体は大丈夫なの?」]에서 늦게까지 자지 않는 아이의 건강을 걱정하고 있다는 것을 알 수 있으므로 답은 2번이 된다.

문2 ②아이들이 빨리 자게 하는 것은 왜 중요한가?

1 책을 읽는 등 엄마도 자기 시간을 원하기 때문에
2 아이는 밤 9시까지는 자지 않으면 안 되기 때문에
3 의사들로부터 그렇게 하도록 들었기 때문에
4 잠자는 것은 아이들의 성장에 중요하기 때문에

해설 두 번째 단락 [でも、子どもにとっては、寝ることは食事と同じくらい大切なものです。医者たちは~子どもの成長にもっとも大切なものであると話しています]에서 답이 4번임을 유추할 수 있다.

문3 이 글의 내용과 일치하는 것은 어느 것인가?

1 아이들이 밤늦게까지 깨어 있는 것은 엄마들을 곤란하게 하기 위해서다.
2 아이들과 노는 것은 즐겁지 않고 자신의 시간이 없어서 곤란하다.
3 아이들에게 있어서는 잠자는 것도 식사도 매우 중요한 것이다.
4 아이들의 성장을 위해서는 아이와 함께 있는 시간을 적게 하는 편이 좋다.

해설 두 번째 단락 첫째 줄 [でも、子どもにとっては、寝ることは食事と同じくらい大切なものです]에서 3번이 답임을 쉽게 확인할 수 있다. 1번, 엄마들을 곤란하게 하기 위해서가 아니라 자는 시간이 식사 시간과 똑같이 중요하기 때문이라고 되어 있으므로 맞지 않다. 2번, 세 번째 단락에 아이와 노는 것은 즐겁지만 자기 시간이 필요하다고 했으므로 정답이 아니다. 4번, 아이들의 성장을 위해서는 '잠자는 것·먹는 것·목욕하는 것'이 중요하다고 했다.

실전 문제 10 수필문

問題　つぎの文章を読んで、質問に答えなさい。答えは、1・2・3・4から最もよいものを一つえらびなさい。

7:30　①いつもより少し早い時間に家を出ました。

8:00　ビルの中のある部屋に入ります。かばんをロッカーにしまい、自分の名前が書かれたBOXを手にして調理台の前に立ちます。

そうです。ここは朝から開講している②男の料理教室です。私はBOXのふたを開け、きょうのレシピと食材を確認します。ここは先生がずっと付いていて指導するのではなく、レシピを見ながら作る料理教室です。わからないことは先生に聞くことができます。

(朝食15分、弁当10分か…)　出勤前だから、あまり余裕はないが、でも、時間を気にしながらやると真剣さが増し、上達も覚えもはやくなります。

また、この教室は、自分で朝食を作って食べ、さらにお弁当まで作るカリキュラムが人気です。

8:45　時間を少しオーバーしましたが、何とかできました。朝食を食べ、片づけをして、9時5分に教室を出ます。会社から近いので、きょうも会社に10分前に着きました。

問1　①いつもより少し早い時間に家を出ましたとあるが、それはなぜか。

1　朝食を食べなかったので出勤前に食堂へ行くために
2　朝から開かれる男の料理教室に参加するために
3　自分の名前が書かれたBOXを手に入れるために
4　分からないことを先生に聞くために

問2　この、②男の料理教室について、正しいのはどれか。

1　レシピを見ながら、先生の指導の下で料理を作る。
2　この教室は自分で朝食を作り食べるから、いつもにぎわっている。
3　わからないことは先生に聞きながら、自分で作る料理教室である。
4　この教室は出勤前だからゆっくり楽しめる。

問3　本文の内容と合っているものはどれか。

1　この料理教室では、朝食とお昼用の弁当を同時に作ることができる。
2　この料理教室では、レシピと食材が入っているBOXをみんなで使っている。
3　残った食材は、家に持って帰らなければならない。
4　筆者はいつも料理する時間をオーバーするから、時間をとても気にしている。

해석 및 해설 10 수필문

지문 해석

7:30 ①평소보다 조금 이른 시간에 집을 나왔습니다.

8:00 건물 안 어느 방으로 들어갑니다. 가방을 로커에 넣고, 내 이름이 적힌 상자를 손에 들고 조리대 앞에 섭니다.

그렇습니다. 여기는 아침부터 개강하는 ②남성 요리 교실입니다. 나는 상자 뚜껑을 열어 오늘의 레시피와 식재료를 확인합니다. 여기는 선생님이 계속 붙어서 지도하는 것이 아니라, 레시피를 보면서 만드는 요리 교실입니다. 모르는 것은 선생님께 질문할 수 있습니다.

(조식 15분, 도시락 10분이라······) 출근 전이라서 그다지 여유는 없지만, 그래도 시간을 신경 쓰면서 하면 더욱 진지해지고, 숙달도, 기억도 빨라집니다.

또, 이 교실은 직접 아침을 만들어 먹고, 또 도시락까지 만드는 커리큘럼이 인기입니다.

8시 45분 시간을 조금 오버했지만, 그럭저럭 완성했습니다. 아침 식사를 하고 정리를 한 후 9시 5분에 교실을 나옵니다. 회사에서 가까워서 오늘도 회사에 10분 전에 도착했습니다.

단어

ロッカー 로커, 사물함 | **しまう** 넣어 두다, 치우다 | **調理台(ちょうりだい)** 조리대 | **開講(かいこう)** 개강 | **レシピ** 레시피, 조리법 | **食材(しょくざい)** 식재료 | **付(つ)いている** 붙어 있다 | **指導(しどう)する** 지도하다 | **朝食(ちょうしょく)** 아침밥 | **弁当(べんとう)** 도시락 | **出勤前(しゅっきんまえ)** 출근 전 | **余裕(よゆう)** 여유 | **真剣(しんけん)さ** 진지함 | **上達(じょうたつ)** 숙달 | **覚(おぼ)え** 기억, 이해 | **カリキュラム** 커리큘럼, 교육과정 | **オーバーする** 오버하다, 초과하다 | **何(なん)とか** 어떻게든, 그럭저럭 | **片(かた)づけをする** 치우다, 정리하다 | **参加(さんか)する** 참가하다 | **手(て)に入(い)れる** 손에 넣다, 입수하다 | **～の下(もと)で** ～하에 | **にぎわう** 북적거리다 | **お昼用(ひるよう)** 점심용

문제 해설

문1 ①평소보다 조금 이른 시간에 집을 나왔습니다라고 했는데 그것은 왜인가?
1. 아침을 먹지 않았기 때문에 출근 전에 식당에 가기 위해
2. **아침부터 열리는 남성 요리 교실에 참가하기 위해**
3. 자신의 이름이 적힌 상자를 손에 넣기 위해
4. 모르는 것을 선생님께 질문하기 위해

해설 넷째 줄 [ここは朝から開講している男の料理教室です]로부터, 답이 2번임을 알 수 있다.

문2 이 ②남성 요리 교실에 대해 올바른 것은 어느 것인가?
1. 레시피를 보면서 선생님의 지도하에 요리를 만든다.
2. 이 교실은 스스로 아침을 만들어 먹기 때문에 언제나 북적된다.
3. **모르는 것은 선생님에게 질문하면서 스스로 만드는 요리 교실이다.**
4. 이 교실은 출근 전이라서 천천히 즐길 수 있다.

해설 세 번째 단락 [ここは先生がずっと付いていて指導するのではなく、レシピを見ながら作る料理教室です。わからないことは先生に聞くことができます]로부터, 3번이 답임을 알 수 있다. 모르는 것이 있을 때만 선생님께 여쭤볼 뿐 지도는 하지 않으므로, 1번이 답이 아님을 알 수 있다. 2번, 다섯 번째 단락 [この教室は、自分で朝食を作って食べ、さらにお弁当まで作るカリキュラムが人気です]로부터, 커리큘럼이 인기가 있다는 것과 전체적으로 항상 사람들로 붐빈다는 말을 같다고 혼동해서는 안 된다. 따라서, 답이 아니다. 4번, 네 번째 단락 [出勤前だから、あまり余裕はないが]로부터, 출근 전이라 바쁘게 움직여야 함을 알 수 있으므로 답이 아니다.

문3 본문의 내용과 일치하는 것은 어느 것인가?
1. **이 요리 교실은 아침 식사와 점심용 도시락을 동시에 만들 수 있다.**
2. 이 요리 교실은 레시피와 식재료가 들어 있는 상자를 모두 같이 사용하고 있다.
3. 남은 식재료는 집에 들고 가지 않으면 안 된다.
4. 필자는 항상 요리하는 시간을 오버해서 시간에 매우 신경 쓰고 있다.

해설 1번, 다섯 번째 단락 [この教室は、自分で朝食を作って食べ、さらにお弁当まで作るカリキュラムが人気です]로부터, 1번이 답임을 알 수 있다. 2번, 셋째 줄의 [自分の名前が書かれたBOXを手にして調理台の前に立ちます]로부터, 개인용 상자를 사용함을 알 수 있으므로, 답이 아니다. 3번, 보기와 관련된 내용을 본문에서 찾을 수 없다. 4번, 마지막 단락 [時間を少しオーバーしましたが]로부터, 시간을 초과한 것은 사실이지만, 항상 그렇다고 추측하긴 힘들고, 시간에 상당히 신경 쓴다는 것을 알 수 있는 부분도 찾기 힘들다. 그러므로, 답이 아니다.

Memo

3. 내용 이해 – 장문 공략하기

문제 유형 분석

내용 이해 – 장문은 해설, 수필, 편지 등 550자 정도의 지문을 읽고 개요와 논리의 전개 등을 이해하고 있는지를 묻는 문제이다. 한 지문에 4문항이 출제되며, 문제 풀이에 소요되는 시간은 기본적으로 10~15분 정도이다.

문제 풀이 비법

1. 글 자체의 난이도는 그다지 높지 않으며, 추상적이지도 않을 가능성이 높다. 사회문제, 업무나 생활, 학습 등에 관한 설명문이나, 과학적인 것에 관한 것도 출제될 가능성이 많다.
2. 중문 문제를 풀 때와 같은 요령으로 먼저 질문을 잘 파악하고 나서, 무엇을 묻고 있는지를 주의깊게 읽어 내려가야 한다. 대체로 각 단락마다 1문항씩 출제된다고 생각해야 하며, 지문이 길다고 해서 쉽게 포기하거나 집중력을 잃지 않도록 해야 한다.
3. 〈필자가 가장 말하고 싶어 하는 것은 무엇인가?〉〈밑줄 친 부분에 대한 필자의 생각은 무엇인가?〉〈내용에 맞는 것은 무엇인가?〉 등 핵심 내용을 파악해 두어야 문제를 풀 수 있다.
4. 장문의 경우도 중문과 마찬가지로 밑줄 친 문제, 밑줄 없는 문제 등 위에서 순서대로 문제가 출제된다고 생각하고 각 단락에 맞춰서 해답을 찾는 것이 좋다. 단, 시간체크를 잘 할 수 있도록 주의해야 한다. 다음에 이어질 정보 검색 문제는 익숙하지 않으므로, 개인에 따라 장문을 제일 마지막에 푼다든지 하여 득점과 연결할 수 있도록 한다.

실전 문제 01 설명문

問題 つぎの文章を読んで、質問に答えなさい。答えは、1・2・3・4から最もよいものを一つえらびなさい。

　カステラといえば何を先に思い浮かべますか。やはり長崎を思い出すでしょう。九州の西の方にある長崎県は日本が鎖国している期間、唯一外国と交流があった場所です。多くのオランダ人や中国人などが長崎を出入りしたため、外国の情報がどんどん入ってくる街でした。長崎の名物として広くその名が知られているカステラはその時、ポルトガル人によって伝えられたお菓子で、由来にはいろんな説があります。一般的にはスペインの地名カステリヤ(castilla)のポルトガル語発音であるカステーラ(castela)で、これが「かすていら」もしくは「かすてえら」から「カステラ」になったと言われています。また、他の説としてはカステラ製造過程でのメレンゲを作る際、高く高く盛り上げる時、「城(castelo)のように高くなれ」と言ったことから、カステロ＝カステラとなったという説もあります。

　ところで、そのころのカステラと今のカステラは大きく異なっていたと言われています。当時のカステラ材料は小麦粉、砂糖、卵の三種類で材料の配合はすべて同量でした。材料を混ぜ合わせて蒸し焼き鍋に入れ、ふたをして火で上下から焼くというものだったようです。その後、時代とともに素材の配合や甘味料などを少しずつ変えていきました。今のようなしっとり、ふんわりのカステラになったのは明治以降で日本人のカステラ職人によって日本人の口に合うように進化してきたのです。

甘味料に関しては砂糖とともに日本人の(※)嗜好に合う水飴が使われるようになり、上火、下火が調節できるために製法にも改良が加えられ、しっとりとした日本独特のカステラができあがりました。なので、海外から伝来したものであるにも関わらず、日本独自のお菓子に変化、進化したために和菓子と言われるのです。伝えられたものをそのまま受け入れるのにとどまらず、創意工夫して独自のものに作り上げてしまうという日本人のすごさがうかがえるところです。

(※)嗜好：ある物を特に好み、それに楽しむこと。

問1　カステラについて正しい説明はどれか。

1　昔から長崎で作り続けられ、「長崎カステラ」は世界的にも有名である。
2　ある日本人の職人によって作られたので、伝統的な和菓子である。
3　16世紀ごろ、スペイン人によって伝えられた。
4　今のようなしっとりとした日本独特のカステラができあがったのは明治になってからである。

問2　日本人のすごさがうかがえるとあるが、何がすごいのか。

1　外国文化を積極的に受け入れようとしたところ
2　外国から開国を迫られても鎖国体制を維持したところ
3　異文化の受容にとどまらず、日本独自の改良を加えて発展させたところ
4　外国文化から自国文化を守ろうとしたところ

問3 カステラの由来について正しい説明はどれか。

1 江戸に入ってきたカステラが全国に広がって、その中でも長崎が一番うまく作れた。
2 カステラの形がヨーロッパのお城に似ていてカステラと名付けられた。
3 外国から伝えられた当時のカステラと同じく作るために工夫していた。
4 外国から伝えられた当時のカステラと今のカステラは材料も焼き方も違う。

問4 この文章のテーマとして適当なものはどれか。

1 外国文化が混ざり合う長崎名物
2 外国文化を受け入れる日本人の姿勢
3 日本人の嗜好に合うカステラの作り方
4 日本独自のカステラの製法

해석 및 해설 01 설명문

지문 해석

　카스텔라 하면 무엇을 먼저 떠올리시나요? 역시 나가사키가 떠오르겠죠. 규슈 서쪽에 있는 나가사키현은 일본이 쇄국하고 있는 기간, 유일하게 외국과 교류가 있었던 장소입니다. 많은 네덜란드인과 중국인 등이 나가사키를 드나들었기 때문에 외국의 정보가 계속해서 들어오는 도시였습니다. 나가사키의 명물로서 널리 그 이름이 알려져 있는 카스텔라는 그때 포르투갈인에 의해 전해진 과자로, 유래에는 여러 주장이 있습니다. 일반적으로는 스페인의 지명 카스테리야(castilla)의 포르투갈어 발음인 카스테라(castela)로, 이것이 '카스테이라' 혹은 '카스테에라'에서 '카스텔라'가 됐다고 합니다. 또 다른 주장은 카스텔라의 제조 과정에서 머랭을 치는 단계에서 높게 높게 부풀릴 때 '성(castelo)처럼 높아져라'라고 말했기 때문에 카스테로=카스텔라가 됐다는 설도 있습니다.

　한편, 그 당시의 카스텔라와 지금의 카스텔라는 크게 달랐다고 합니다. 당시의 카스텔라 재료는 밀가루, 설탕, 달걀의 세 종류로 재료의 배합이 모두 같은 양이었습니다. 재료를 섞어서 찜 냄비에 넣고 뚜껑을 닫아 불로 위아래에서 굽는 형태였다고 합니다. 그 이후 시대와 더불어 재료의 배합이나 감미료 등을 조금씩 변화시켜 나갔습니다. 지금과 같이 촉촉하고 부드러운 카스텔라가 된 것은 메이지 시대 이후로 일본인 카스텔라 장인에 의해 일본인 입맛에 맞게 진화해 온 것입니다. 감미료에 관해서는 설탕과 함께 일본인의 (※)기호에 맞는 물엿을 사용하게 되었고, 위쪽 불과 아래쪽 불을 조절할 수 있도록 제조법도 개량되어 촉촉한 일본 특유의 카스텔라가 완성되었습니다. 그렇기 때문에 해외에서 전해진 것임에도 불구하고 일본의 독자적인 과자로 변화, 진화되어 일본 전통 과자로 부르는 것입니다. 전해진 것을 그대로 받아들이는 것에 그치지 않고 창의적 고안을 하여 독자적인 것으로 만들어 내는 <u>일본인의 대단함을 엿볼 수 있는</u> 부분입니다.

(※) 기호: 어떤 것을 특별히 좋아하고, 그것을 즐기는 것

단어

~といえば ~(라고) 하면 | 思(おも)い浮(う)かべる 떠올리다 | 思(おも)い出(だ)す 생각해 내다 | 鎖国(さこく) 쇄국 | 唯一(ゆいいつ) 유일 | 交流(こうりゅう) 교류 | オランダ 네덜란드 | 出入(でい)り 드나듦, 출입 | 街(まち) 마을, 도시 | 名物(めいぶつ) 명물 | ~として ~로서 | ~によって ~에 의해 | 伝(つた)える 전하다 | 由来(ゆらい) 유래 | 説(せつ) 설, 주장 | ~である ~이다 | もしくは 혹은 | 製造過程(せいぞうかてい) 제조 과정 | メレンゲ 머랭 | ~際(さい) ~때, ~즈음 | 盛(も)り上(あ)げる 쌓아 올리다 | 城(しろ) 성 | ところで 한편 | 異(こと)なる 다르다, 상이하다 | 材料(ざいりょう) 재료 | 小麦粉(こむぎこ) 밀가루 | 砂糖(さとう) 설탕 | 配合(はいごう) 배합 | すべて 전부 | 同量(どうりょう) 같은 양 | 混(ま)ぜ合(あ)わせる 섞다 | 蒸(む)し焼(や)き鍋(なべ) 찜 냄비 | ふたをする 뚜껑을 덮다 | 焼(や)く 굽다 | ~とともに ~와 더불어 | 素材(そざい) 소재 | 甘味料(かんみりょう) 감미료 | しっとり 촉촉한 모양 | ふんわり 부드러운 모양 | 以降(いこう) 이후 | 職人(しょくにん) 장인 | 進化(しんか) 진화 | ~に関(かん)しては ~에 관해서는 | 嗜好(しこう) 기호 | 水飴(みずあめ) 물엿, 조청 | 上火(うわび) 위에서 쬐는 불 | 下火(したび) 밑불 | 調節(ちょうせつ) 조절 | 製法(せいほう) 제조법 | 改良(かいりょう) 개량 | 加(くわ)える 더하다, 추가하다 | 独特(どくとく) 독특 | できあがる 완성되다 | 伝来(でんらい) 전래 | ~にも関(かか)わらず ~에도 불구하고 | 独自(どくじ) 독자 | 変化(へんか) 변화 | 和菓子(わがし) 일본 전통 과자 | そのまま 그대로 | 受(う)け入(い)れる 받아들이다 | ~にとどまらず ~에 그치지 않고 | 創意工夫(そういくふう) 창의적 고안 | すごさ 대단함, 굉장함 | うかがう 엿보다

> **문제 해설**

문1 카스텔라에 대한 올바른 설명은 무엇인가?
1. 옛날부터 나가사키에서 만들어져서 '나가사키 카스텔라'는 세계적으로도 유명하다.
2. 어느 일본인 장인에 의해 만들어졌기 때문에 전통적인 일본 과자이다.
3. 16세기경 스페인 사람에 의해 전해졌다.
4. 지금과 같은 촉촉한 일본 특유의 카스텔라가 완성된 것은 메이지 시대 이후이다.

해설 카스텔라는 포르투갈인에 의해 나가사키에 전해진 과자이므로 1번, 2번, 3번은 오답이 된다. 두 번째 단락 다섯째 줄 [今のようなしっとり~進化してきたのです]를 보면 4번이 정답임을 알 수 있다.

문2 일본인의 대단함을 엿볼 수 있다라고 되어 있는데, 무엇이 대단한 것인가?
1. 외국 문화를 적극적으로 받아들이려고 했던 점
2. 외국으로부터 개국을 강요당했어도 쇄국 체제를 유지했던 점
3. 이문화의 수용에 그치지 않고, 일본이 독자적으로 개량하여 발전시킨 점
4. 외국 문화로부터 자국 문화를 지키려고 했던 점

해설 밑줄 친 부분이 포함된 문장 전체를 보면 답을 찾을 수 있다. [伝えられたものを~うかがえるところです]라고 되어 있으므로 3번이 정답이 된다.

문3 카스텔라의 유래에 대한 올바른 설명은 무엇인가?
1. 에도 시대에 들어온 카스텔라가 전국으로 확산되었고, 그중에서도 나가사키가 가장 잘 만들었다.
2. 카스텔라의 형태가 유럽의 성을 닮아서 카스텔라로 이름 붙여졌다.
3. 외국에서 전해졌을 당시의 카스텔라와 똑같이 만들기 위해 연구했다.
4. 외국에서 전해졌을 당시의 카스텔라와 지금의 카스텔라는 재료도 굽는 방법도 다르다.

해설 1번, 정확하게 어느 시대에 카스텔라가 일본에 들어왔는지 본문에 나와 있지 않고, 2번, 성의 모양과 닮아서가 아니라 머랭을 만들 때 '성처럼 높아져라'라는 말에서 유래된 것이므로 오답이다. 3번, 일본인 입맛에 맞도록 재료의 배합과 굽는 방법을 바꿔 나갔다고 하였으므로 오답이다. 따라서 4번이 정답이 된다.

문4 이 문장의 주제로 적당한 것은 무엇인가?
1. 외국 문화가 어우러진 나가사키 명물
2. 외국 문화를 받아들이는 일본인의 자세
3. 일본인의 기호에 맞는 카스텔라를 만드는 법
4. 일본 독자적인 카스텔라 제조법

해설 외국에서 들어온 카스텔라가 나가사키의 명물이 된 유래를 설명해 주고 있으므로 1번이 정답이 된다.

실전 문제 02 논설문

問題 つぎの文章を読んで、質問に答えなさい。答えは、1・2・3・4から最もよいものを一つえらびなさい。

　長期にわたる不況で、韓国の失業率はますます高くなっている。その中でも特に若者の失業率は深刻な問題となっている。かつては高学歴を持っていれば、一層豊かで、明るい未来が展開され、バラ色の人生が送られると考えていた人が多かったかもしれない。しかし、今の社会は高学歴を持ち、スペックを積んでも、就職への道は厳しくなりつつあり、それによる不安感やストレスも高まっている。大学の勉強は知識を増やすことより就職に向けての準備過程になりがちであり、もはや大学は、純粋な学問のための場所ではなくなっている。

　また、就職したとしても正社員ではなく、①非正規雇用で雇われ、厳しい生活を強いられたり、将来に対する不安を抱いたまま生活したりする。非正規雇用者は正社員と仕事の内容はあまり変わらないのにも関わらず、昇進の機会がなかったり、時給が上がらなかったり、ボーナスがもらえなかったりするなど、様々な面で不利に扱われている。それで若者は自分の能力とは関係なく、安定的な生活のために、一般企業に就職するより将来がある程度保障されるところを求めている。これが毎年韓国で行われる公務員試験の競争率が高くなる理由であり、②韓国の残念な現実を表す現象でもある。各分野で活躍してほしい若者が経済活動をせず、公務員試験に力を入れているのは、国としても損である。

　このような問題を解決するためには、国家レベルでの対策や人々の意識の転換が必要だと思われる。一部の大手企業はスペックを記入すると

ころをなくし、個人の経験や体験を優先するなどの試みをしているが、それだけでは根本的な解決策にはならない。個人の能力や個性、資質などを主眼にした新しい採用制度を整備し、環境を作らなければならない。また、若者が十分に就職活動できるよう金銭的な支援を拡大することも不可欠である。就職活動をする期間が長ければ長いほど経済的な負担も大きくなるので、それを後押しすることも重要である。能力のある韓国の若者が各自の分野で(※)本領発揮できるように支援するのが急務であるだろう。

(※)本領発揮：本来持っている実力を表しだすこと

問1 本文の①非正規雇用の問題として正しいものはどれか。

1　単純業務しか得られない。
2　昇進の機会が与えられない。
3　社会福祉の対象から除外される。
4　ボーナスの授与回数が少ない。

問2 ②韓国の残念な現実とは何か。

1　非正規社員の勤続年数が短いこと
2　企業で活躍できる人材を確保するのが難しいこと
3　安定が仕事を選ぶ基準になっていくこと
4　仕事をしたがっていない若者が増えていること

問3 本文の内容と一致するものはどれか。

1　韓国では高学歴を持っていても就職するのが厳しい。

2　生活に余裕がなく、親に頼る若者が増えている。

3　非正規から正規への格上げが難しい。

4　韓国で最も人気が高い職種は公務員である。

問4 本文で分かる筆者の考えは何か。

1　韓国の企業は人件費を減らすため非正規雇用を好む。

2　最近の若者は能力を生かそうとせず、安易な態度で生活している。

3　若者が各自の場所で活躍できるよう国家レベルでの支援が必要である。

4　いい仕事を見つけるためには、スペックを積むべきである。

해석 및 해설 02 논설문

지문 해석

　장기에 걸친 불황으로 한국의 실업률은 점점 높아지고 있다. 그중에서도 특히 청년 실업률은 심각한 문제가 되고 있다. 예전에는 고학력을 가지고 있으면 더 풍요롭고 밝은 미래가 전개되고 장밋빛 인생을 보낼 수 있다고 생각한 사람이 많았을지도 모른다. 하지만 지금 사회는 고학력을 취득하고 스펙을 쌓아도 취직할 수 있는 길이 점점 힘겨워지고 있고, 그에 따른 불안감과 스트레스도 높아지고 있다. 대학 공부는 지식을 늘리는 것보다 취직을 위한 준비 과정이 되기 일쑤이고 이제 대학은 순수한 학문을 위한 장소가 아니게 되었다.

　또 취직을 하더라도 정사원이 아닌 ①비정규 고용으로 채용되어 각박한 생활을 할 수밖에 없다든지 장래에 대한 불안을 떠안은 채 생활하기도 한다. 비정규 고용자는 정사원과 일의 내용은 그다지 다르지 않은데도 불구하고 승진의 기회가 없거나, 시급이 오르지 않거나, 보너스를 받을 수 없는 등 여러 가지 면에서 불리하게 처우받고 있다. 그래서 청년들은 자신의 능력과는 상관없이, 안정적인 생활을 위해서 일반 기업에 취직하기보다 장래가 어느 정도 보장되는 곳을 찾고 있다. 이것이 매년 한국에서 행해지는 공무원 시험 경쟁률이 높아지는 이유이며 ②한국의 안타까운 현실을 보여 주는 현상이기도 하다. 각 분야에서 활약하길 바라는 청년들이 경제활동을 하지 않고 공무원 시험에 힘을 쏟는 것은 국가로서도 손해이다.

　이러한 문제를 해결하기 위해서는 국가 차원의 대책과 사람들의 의식 전환이 필요하다고 생각된다. 일부 대기업들은 스펙 기입란을 없애고, 개인의 경험과 체험을 우선시하는 등의 시도를 하고 있지만 그것만으로는 근본적인 해결책이 되지 않는다. 개인의 능력과 개성, 자질 등에 주력한 새로운 채용 제도를 정비하고 환경을 만들어야 한다. 또 청년들이 충분히 구직 활동을 할 수 있도록 금전적인 지원을 확대하는 것도 불가결하다. 구직 활동을 하는 기간이 길면 길수록 경제적인 부담도 커지기 때문에 그것을 후원하는 것도 중요하다. 능력 있는 한국의 청년들이 각자의 분야에서 (※)능력 발휘를 할 수 있도록 지원하는 것이 급선무일 것이다.

(※) 능력 발휘 : 본래 가지고 있는 능력을 보여 주는 것

단어

~にわたる ~에 걸친 | 不況(ふきょう) 불황 | 失業率(しつぎょうりつ) 실업률 | 深刻(しんこく)な 심각한 | 一層(いっそう) 한층 더 | 豊(ゆた)かな 풍족한 | 展開(てんかい)される 전개되다 | 高学歴(こうがくれき) 고학력 | 積(つ)む 쌓다 | 就職(しゅうしょく) 취직 | 厳(きび)しい 힘겹다 | 知識(ちしき) 지식 | 増(ふ)やす 늘리다 | 準備過程(じゅんびかてい) 준비 과정 | ~がち ~한 경향이 많음 | もはや 이제는 | 純粋(じゅんすい)な 순수한 | 正社員(せいしゃいん) 정사원 | 非正規雇用(ひせいきこよう) 비정규 고용 | 雇(やと)われる 고용되다 | 強(し)いられる 억지로 강요받다 | 将来(しょうらい) 장래 | 抱(いだ)く 품다 | 昇進(しょうしん) 승진 | 扱(あつか)われる 취급받다 | 保障(ほしょう)される 보장되다 | 求(もと)める 원하다, 찾다 | 行(おこな)われる 행해지다 | 公務員試験(こうむいんしけん) 공무원 시험 | 競争率(きょうそうりつ) 경쟁률 | 表(あらわ)す 나타내다 | 現象(げんしょう) 현상 | 活躍(かつやく) 활약 | 損(そん) 손해 | 対策(たいさく) 대책 | 意識(いしき)の転換(てんかん) 의식의 전환 | 記入(きにゅう)する 기입하다 | 経験(けいけん) 경험 | 体験(たいけん) 체험 | 優先(ゆうせん)する 우선시하다 | 試(こころ)み 시도 | 根本的(こんぽんてき)な 근본적인 | 解決策(かいけつさく) 해결책 | 個性(こせい) 개성 | 資質(ししつ) 자질 | 主眼(しゅがん) 주안 | 採用制度(さいようせいど) 채용 제도 | 整備(せいび) 정비 | 環境(かんきょう) 환경 | 金銭的(きんせんてき)な 금전적인 | 支援(しえん) 지원 | 拡大(かくだい)する 확대하다 | 不可欠(ふかけつ)だ 불가결하다 | 負担(ふたん) 부담 | 後押(あとお)し 후원 | 本領発揮(ほんりょうはっき) 능력 발휘 | 急務(きゅうむ) 급선무

문제 해설

문 1 본문의 ①비정규 고용의 문제로서 옳은 것은 무엇인가?

1. 단순 업무밖에 얻을 수 없다.
2. **승진 기회가 주어지지 않는다.**
3. 사회복지 대상에서 제외된다.
4. 보너스 지급 횟수가 적다.

해설 두 번째 단락 넷째 줄을 보면 [昇進の機会がなかったり]라고 언급되어 있으므로 정답은 2번이 된다.

문 2 ②한국의 안타까운 현실이란 무엇인가?

1. 비정규 사원의 근속 연수가 짧은 것
2. 기업에서 활약할 수 있는 인재를 확보하기가 어려운 것
3. **안정이 일을 고르는 기준이 되어 가는 것**
4. 일을 하고 싶어 하지 않는 청년들이 늘고 있는 것

해설 밑줄 앞 부분 [若者は自分の能力とは関係なく～保障されるところを求めている]를 보면 알 수 있다. 청년들이 자신의 능력과는 상관없이 안정적인 일을 찾고 있고 그것이 지금의 한국의 안타까운 현실이라고 설명하고 있다. 그러므로 정답은 3번이 된다.

문 3 본문의 내용과 일치하는 것은 무엇인가?

1. **한국에서는 고학력을 가지고 있어도 취업하기 어렵다.**
2. 생활에 여유가 없어서 부모에게 기대는 청년들이 늘고 있다.
3. 비정규에서 정규로의 승격이 어렵다.
4. 한국에서 가장 인기가 많은 직종은 공무원이다.

해설 첫 번째 단락 넷째 줄 [今の社会は高学歴を持ち～ストレスも高まっている]를 보면 알 수 있다. 고학력자이고 스펙을 쌓아도 취업은 어렵다고 되어 있으므로 정답은 1번이 된다.

문 4 본문으로 알 수 있는 필자의 생각은 무엇인가?

1. 한국의 기업은 인건비를 줄이기 위해 비정규 고용을 선호한다.
2. 요즘 청년들은 능력을 살리려 하지 않고 안이한 태도로 생활하고 있다.
3. **청년들이 각자의 자리에서 활약할 수 있도록 국가 차원의 지원이 필요하다.**
4. 좋은 일을 찾기 위해서는 스펙을 쌓아야 한다.

해설 필자는 비정규직 사람들의 고충과 청년들이 어째서 자신들의 능력과는 상관없이 안정적인 일을 찾고 있는지에 대해 설명하며 국가 차원의 지원이나 후원이 필요하다고 말하고 있다. 그러므로 정답은 3번이 된다.

> 실전 문제 03 논설문

問題　つぎの文章を読んで、質問に答えなさい。答えは、1・2・3・4から最もよいものを一つえらびなさい。

　「明日は月曜日だわ。早くお仕事がしたい。」なんて楽しみにする人は珍(めずら)しいのではないでしょうか？ 誰だって仕事よりも休みの方がいいものです。

　その休みが終わって、また1週間仕事をしなければならないと思うと、気分が落ち込み、体の調子が悪くなる人も少なくありません。自分だけがやる気のない、ダメな人間だと思わずに、週のはじめに気分が落ち込むのは①当たり前のことと考えて、どうしたらよくなるかを考えてみましょう。

●克服法1

　体を休める時間がないほど、②土日にたくさんスケジュールを入れるのを止めましょう。予定がないのは孤独(こどく)なことと思うあまり、忙しくスケジュールを入れてしまっては、休む時間はまったくなく、疲れるのは当たり前です。また、そのスケジュールが思い通りに進まなかった場合、大きなストレスになります。

　「うっかりお昼過ぎまで寝てしまって、せっかくの休日を無駄に過ごしてしまった。」と、くやしくなった経験はありませんか？ ③このような時は、実際には体を休めているにもかかわらず、気分が落ちこみます。

　土日のうち、どちらか1日は、その日の体の調子や気分で行動できるようなスケジュールを立てましょう。

●克服法2

　月曜日の朝は少し早く起きる。

　行動が先で、やる気は後からついてくるということを頭に置いて、とりあえず起きてしまいましょう。

　やる気は出そうと思って出せるものではなく、行動しながら出てくるものです。

　会社は、あなたのやる気にお金を払っているのではなく、どれだけ仕事をしたかという行動に対して支払われているのです。

　出かける頃には、頭をすっきりと起こしておきましょう。

問1　①当たり前のことが意味するのはどれか。

1　早く月曜日になって、仕事がしたいと考えること
2　他の人は元気がないのに、自分だけが体の調子がよくなること
3　これからまた1週間、仕事をしなければならないと思うこと
4　月曜日になるとやる気がなくなること

問2　多くの人が、②土日にたくさんスケジュールを入れるのはなぜか。

1　週末に家で掃除や洗濯などはしたくないと思うから
2　週末にスケジュールがないのをさびしいことと思うから
3　週末に立てるスケジュールは思い通りに進むと思うから
4　週末に遊ばないと大きなストレスになると思うから

問3 ③このような時とはどんな時なのか。

1 遅くまで寝てしまって、休日を無意味なことにしてしまったと思う時

2 なにもしないで過ごすことも、休日にしかできないと思う時

3 ゆっくり体を休めることができて、よかったと思う時

4 休みが終わって、また1週間仕事をしなければならないと思う時

問4 本文の内容と合っているものはどれか。

1 早く仕事がしたくて月曜日になるのを楽しみにする人は珍しくない。

2 会社はどれだけ仕事がやりたいかという気持ちによって、給料が違う。

3 やる気は思っただけで出せるものではなく、行動しているうちに出てくるものだ。

4 土日のうち、どちらか1日は、できるだけたくさんのスケジュールを入れたほうがいい。

해석 및 해설　03 논설문

지문 해석

'내일은 월요일이네. 빨리 일하고 싶다.'라고 기대하는 사람은 드물지 않을까요? 누구나 일보다는 쉬는 쪽이 좋기 마련입니다.

그 휴일이 끝나고 또 다시 일주일 동안 일을 해야 한다고 생각하면 우울해지고 컨디션이 안 좋아지는 사람도 적지 않습니다. 자기만 의욕이 없고 쓸모없는 인간이라고 생각하지 말고 주초에 기분이 침울해지는 것은 ①당연한 일이라고 생각하고, 어떻게 하면 좋아질지를 생각해 봅시다.

● 극복법 1
몸을 쉬게 할 시간이 없을 정도로 ②토, 일요일에 많은 스케줄을 잡는 것을 그만둡시다. 예정이 없는 것은 고독한 일이라고 생각한 나머지, 바쁘게 스케줄을 잡아 버리면 쉴 시간이 전혀 없어 피곤한 것은 당연합니다. 또 그 스케줄이 생각대로 진행되지 않았을 경우 큰 스트레스가 됩니다.

'깜박 오후 늦게까지 자 버려 모처럼의 휴일을 헛되이 보냈다'고 후회했던 경험은 없습니까? ③이런 때는 실제로는 몸을 쉬게 하는데도 기분이 침울해집니다.

토요일이나 일요일 중 하루는 그날의 컨디션이나 기분에 따라 행동할 수 있는 스케줄을 세웁시다.

● 극복법 2
월요일 아침은 조금 일찍 일어난다.
행동이 먼저고 의욕은 뒤따라 온다는 것을 기억하고 일단 일어납시다.
의욕은 내려고 한다고 낼 수 있는 것이 아니라 행동하면서 나오는 것입니다.
회사는 당신의 의욕에 돈을 지불하고 있는 것이 아니라, 얼마나 일을 했는가 하는 행동에 대해 지불되고 있는 것입니다.
외출할 즈음에는 머리를 개운하게 깨워 놓읍시다.

단어

楽(たの)しみにする 기대하다 | 珍(めずら)しい 드물다 | ～ものだ ～하기 마련이다 | ～なければならない ～하지 않으면 안 되다 | 落(お)ち込(こ)む 우울하다, 침울해지다 | 体(からだ)の調子(ちょうし)が悪(わる)い 몸의 컨디션이 안 좋다 | やる気(き) 의욕 | ダメな人間(にんげん) 쓸모없는 인간 | はじめ 초, 처음 | 当(あ)たり前(まえ) 당연함 | 克服法(こくふくほう) 극복법 | スケジュールを入(い)れる 스케줄을 잡다 | 孤独(こどく) 고독 | ～あまり ～한 나머지 | まったくない 전혀 없다 | 思(おも)い通(どお)りに 생각대로 | せっかく 모처럼 | 休日(きゅうじつ) 휴일 | 無駄(むだ)に過(す)ごす 헛되이 보내다 | くやしい 분하다, 후회스럽다 | 経験(けいけん) 경험 | ～にもかかわらず ～에도 불구하고 | 行動(こうどう) 행동 | スケジュールを立(た)てる 스케줄을 세우다 | ついてくる 따라오다 | 頭(あたま)に置(お)く 기억하다 | とりあえず 우선, 일단 | ～ながら ～하면서 | ～に対(たい)して ～에 대해 | 支払(しはら)う 지불하다 | すっきりと 개운하게

문제 해설

문1 ①당연한 일이 의미하는 것은 어느 것인가?

1. 빨리 월요일이 되어 일하고 싶다고 생각하는 것
2. 다른 사람은 기운이 없는데 자신만이 컨디션이 좋아지는 것
3. 앞으로 또 일주일 동안 일을 해야 한다고 생각하는 것
4. **월요일이 되면 의욕이 없어지는 것**

해설 두 번째 단락의 [その休みが終わって、また1週間仕事をしなければならない]로부터 월요일이라는 것을, [気分が落ち込み、体の調子が悪くなる人も少なくありません]으로부터 의욕이 없어진다는 것을 알 수 있다. 이 두 가지 단서가 포함된 보기를 찾으면 4번이 답임을 알 수 있다.

문2 많은 사람이 ②토·일요일에 많은 스케줄을 잡는 것은 왜인가?

1. 주말에 집에서 청소나 빨래 따위는 하기 싫다고 생각하니까
2. **주말에 스케줄이 없는 것을 쓸쓸한 일이라고 생각하니까**
3. 주말에 세운 스케줄은 생각대로 진행된다고 생각하니까
4. 주말에 놀지 않으면 큰 스트레스가 된다고 생각하니까

해설 밑줄 친 곳 다음 문장 [予定がないのは孤独なことと思うあまり]로부터 2번이 정답이라는 것을 알 수 있다. 1번, 청소나 빨래에 대한 언급은 없다. 3, 4번, 극복법 1의 넷째 줄 [そのスケジュールが思い通りに進まなかった場合、大きなストレスになります] 문장과 혼동하게 하려고 만든 보기이다.

문3 ③이런 때란 어떤 때인가?

1. **늦게까지 자 버려서 휴일을 무의미하게 보내 버렸다고 생각할 때**
2. 아무것도 하지 않고 지내는 것도 휴일에만 할 수 있다고 생각할 때
3. 느긋이 몸을 쉬게 할 수 있어서 다행이라고 생각할 때
4. 휴일이 끝나고 또 일주일 동안 일을 해야 한다고 생각할 때

해설 이, 그처럼 지칭하는 문제는 그 문장의 앞뒤를 살펴봐야 한다. 해당 밑줄 부분의 앞부분인 [「うっかりお昼過ぎまで寝てしまって、せっかくの休日を無駄に過ごしてしまった。」と、くやしくなった経験はありませんか？]로부터, 1번이 정답임을 알 수 있다.

문4 본문의 내용과 일치하는 것은 어느 것인가?

1. 빨리 일이 하고 싶어서 월요일이 되기를 기대하는 사람은 드물지 않다.
2. 회사는 얼마만큼 일을 하고 싶은가 하는 마음에 따라 급료가 다르다.
3. **의욕은 생각만으로 낼 수 있는 것이 아니라 행동하는 사이에 나오는 것이다.**
4. 토요일, 일요일 중 하루는 가능한 한 많은 스케줄을 잡는 것이 좋다.

해설 1번, 본문의 첫 문장인 [「明日は月曜日だわ。早くお仕事がしたい。」なんて楽しみにする人は珍しいのではないでしょうか]로부터, 보기의 '珍しくない'가 '珍しい'로 바뀌어야 일치되는 문장이 된다. 2번, 극복법 2의 끝부분 [会社は、あなたのやる気にお金を払っているのではなく、どれだけ仕事をしたかという行動に対して支払われているのです]로부터, 회사는 의욕이 아닌 일의 성과에 대해 급료가 지불됨을 알 수 있다. 3번, 극복법 2의 세 번째 단락 [やる気は出そうと思って出せるものではなく、行動しながら出てくるものです]로부터, 3번이 정답임을 알 수 있다. 4번, 극복법 1의 첫 번째 문장 [体を休める時間がないほど、②土日にたくさんスケジュールを入れるのを止めましょう]로부터, 본문과 일치하지 않음을 알 수 있다.

실전 문제 04 수필문

問題 つぎの文章を読んで、質問に答えなさい。答えは、1・2・3・4から最もよいものを一つえらびなさい。

　会社から5キロメートルくらいのところに新しいレストランがオープンした。その道路は道が込んでいることでよく知られている。ある日、歩道を歩いていた時、いつの間にかその店が開店していることに気がつき、昼食をとることにしたのだ。

　料理はランチだけで、ＡＢＣの3種類しかない。そこで値段が真ん中のBランチを選んだ。950円でデザートや飲み物が付いている。料理が出てくると、私はいつものようにいつものペースで食べはじめ、すぐ食べ終えた。この料理はおいしかったのかも知れない、と気がついた時には遅かった。習慣とは恐ろしいもので、味わいの時間はあっという間に過ぎ去ってしまったのだ。

　ご存じのように、食によって得られる快感はうまさとそれを味わう時間と比例する。メイン料理を食べ終えた頃、白く長い帽子をかぶった若いシェフがやってきた。「食事はいかがでしたか」。"①しまった。このシェフは本気だ"と思った。感想を語るほどじっくり味わってはいない。

　食後に各テーブルにシェフが出てきて客と会話するのは珍しくないが、Bランチくらいで出てきた理由は何だったのだろうか。シェフとの会話で、スープもメイン料理もシェフの新しい試みであったことがわかった。

　ご存じのように、②料理のうまさは料理人の熱意に比例する。

問1 筆者が①しまったと思った理由はどれか。

1 料理を食べたとき、味など考えていなかったから
2 外国人のシェフの質問に答えられなかったから
3 シェフの新しい料理が珍しかったから
4 Bランチを速いスピードで食べてしまったから

問2 ②料理のうまさは料理人の熱意に比例するとあるが、それはどんな意味か。

1 このシェフはランチメニューだけでABCの3種類も作る熱意がある。
2 このシェフはいつもきれいな白い帽子をかぶって料理を作る熱意がある。
3 このシェフは食後のお客さんと会話するために、テーブルまで来る熱意がある。
4 このシェフは新しい料理を開発し、その料理の味をお客さんに聞く熱意がある。

問3 この文章の内容と合っているものはどれか。

1 Bランチは値段が一番安くて量も少ないのですぐ食べ終えた。
2 この人の食習慣は、食べるのが速いので味に気づかない。
3 筆者はシェフがお客さんと話すのはよくあることではないので熱意があると思った。
4 長い帽子をかぶったシェフは年を取っていたが、とても若く見えた。

問4 この文章で筆者が一番言いたいことはどれか。

1 シェフと客との会話というのはあまりないので大事にするべきだ。
2 料理を味わう時間が必要なので、昼食の時間を増やすことだ。
3 食べる時も習慣というのは大切なので、料理の味わいの時間を持つことだ。
4 おいしい料理ほど味わいの時間を持つことにした。

> 해석 및 해설 **04 수필문**

> 지문 해석

　회사에서 5킬로미터 정도 떨어진 곳에 새로운 레스토랑이 오픈했다. 그 도로는 길이 막히기로 잘 알려져 있다. 어느 날, 보도를 걷고 있었을 때 어느새 그 가게가 개점한 것을 알고 점심을 먹기로 했다.
　요리는 런치뿐이며 ABC 세 종류 밖에 없다. 그래서 가격이 중간인 B런치를 골랐다. 950엔에 디저트와 음료가 딸려 있다. 음식이 나오자 나는 평소처럼 여느 때와 같은 스피드로 먹기 시작해 금세 다 먹었다. 이 요리는 맛있었을지도 모른다고 깨달았을 때는 늦었다. 습관이란 무서운 것이라 맛을 느낄 시간은 눈 깜짝할 새 지나가 버린 것이다.
　아시다시피 음식으로 얻을 수 있는 쾌감은 맛과 그것을 음미하는 시간과 비례한다. 메인 요리를 다 먹었을 때쯤, 하얗고 긴 모자를 쓴 젊은 요리사가 다가왔다. "식사는 어떠셨습니까?" '①큰일이다. 이 요리사는 진심이다'라고 느꼈다. 감상을 말할 정도로 차분히 맛보지 않았다.
　식후에 각 테이블로 요리사가 나와 손님과 대화하는 것은 드문 일이 아니지만, B런치 정도에 나온 이유는 뭐였을까? 요리사와의 대화에서 수프도 메인 요리도 요리사의 새로운 시도였다는 것을 알게 되었다.
　아시다시피 ②요리의 맛은 요리사의 열의에 비례한다.

> 단어

道(みち)が込(こ)む 길이 막히다 | ~ことで ~한 일로, ~해서 | 歩道(ほどう) 보도 | いつの間(ま)にか 어느 사이인가 | 開店(かいてん) 개점 | 気(き)がつく 깨닫다, 알아차리다 | 昼食(ちゅうしょく)をとる 점심을 먹다 | ~ことにする ~하기로 하다 | 値段(ねだん) 가격 | いつものように 평소와 같이 | 習慣(しゅうかん) 습관 | 恐(おそ)ろしい 무섭다 | 味(あじ)わい 맛 | あっという間(ま)に 눈 깜짝할 사이에 | 過(す)ぎ去(さ)る 지나가다 | 快感(かいかん) 쾌감 | うまさ 맛있음 | 味(あじ)わう 맛보다, 맛을 즐기다 | 比例(ひれい)する 비례하다 | メイン料理(りょうり) 메인 요리 | 帽子(ぼうし)をかぶる 모자를 쓰다 | しまった 큰일이다, 아뿔싸 | シェフ 요리사, 주방장 | 本気(ほんき)だ 진심이다 | 感想(かんそう)を語(かた)る 감상을 말하다 | じっくり 차분히, 곰곰이 | 食後(しょくご)に 식후에 | 珍(めずら)しい 드물다, 진기하다 | 試(こころ)み 시도 | 料理人(りょうりにん) 요리사 | 熱意(ねつい) 열의 | 年(とし)を取(と)る 나이를 먹다

> 문제 해설

문1 필자가 ①큰일이다라고 생각한 이유는 어느 것인가?

1　요리를 먹었을 때 맛 따위는 생각하지 않았기 때문에
2　외국인 요리사의 질문에 답할 수 없었기 때문에
3　요리사의 새 요리가 진기했기 때문에
4　B런치를 빠른 속도로 먹어 버렸기 때문에

해설　1번, 밑줄 친 곳 뒷부분 [感想を語るほどじっくり味わってはいない]로부터 답이 1번임을 알 수 있다. 2번, 지문에는 외국인 요리사라는 언급이 없다. 3번, 선택지의 내용은 본문의 내용에서 이끌어낼 수 있는 내용이 아니므로 답이 아니다. 4번, 음식을 빨리 먹은 것이 아니라, 빨리 먹음으로써 맛을 음미하지 못한 것에 무게를 두어야 하므로 답이 아니다.

문2 ②요리의 맛은 요리사의 열의에 비례한다고 했는데 그것은 어떤 의미인가?

1. 이 요리사는 런치 메뉴만으로 ABC 3종류나 만드는 열의가 있다.
2. 이 요리사는 언제나 깨끗한 하얀 모자를 쓰고 요리를 만드는 열의가 있다.
3. 이 요리사는 식후 손님과 대화하기 위해 테이블까지 오는 열의가 있다.
4. **이 요리사는 새 요리를 개발하고, 그 요리의 맛을 손님에게 묻는 열의가 있다.**

해설 해당 문장의 바로 앞 단락의 [食後に各テーブルにシェフが出てきて客と会話するのは珍しくないが、Bランチくらいで出てきた理由は何だったのだろうか。シェフとの会話で、スープもメイン料理もシェフの新しい試みであったことがわかった]로부터, 새로운 메뉴의 개발과 셰프가 직접 맛의 평가를 손님에게 묻는 두 가지 요소가 포함된 4번이 정답이다.

문3 이 글의 내용과 일치하는 것은 어느 것인가?

1. B런치는 가격이 가장 싸고 양도 적어서 금세 다 먹었다.
2. **이 사람의 식습관은 먹는 속도가 빨라서 맛을 느끼지 못한다.**
3. 필자는 요리사가 손님과 이야기하는 것은 자주 있는 일이 아니라서 열의가 있다고 생각했다.
4. 긴 모자를 쓴 요리사는 나이가 들었지만 매우 젊게 보였다.

해설 1번, 두 번째 단락의 두 번째 문장인 [そこで値段が真ん中のBランチを選んだ]로부터, 가장 싼 런치가 아님을 알 수 있고, 본문에 양에 대해 언급되어 있지 않으므로 답이 아니다. 2번, 두 번째 단락의 세 번째 문장인 [料理が出てくると、私はいつものようにいつものペースで食べはじめ、すぐ食べ終えた]로부터, 음식을 빨리 먹는 것은 습관임을 추측해 낼 수 있다. 그리고 두 번째 단락 마지막 문장인 [習慣とは恐ろしいもので、味わいの時間はあっという間に過ぎ去ってしまったのだ]로부터 맛을 음미하지 못했음을 알 수 있으므로 2번이 정답이다. 3번, 끝에서 두 번째 단락 [食後に各テーブルにシェフが出てきて客と会話するのは珍しくないが]로부터, 셰프가 손님과 이야기하는 것은 흔한 일이라고 언급했으므로 답이 아니다. 4번, 세 번째 단락의 [メイン料理を食べ終えた頃、白く長い帽子をかぶった若いシェフがやってきた]로부터, 셰프는 동안이 아니라 젊은 사람임을 알 수 있다.

문4 이 글에서 필자가 가장 말하고 싶은 것은 무엇인가?

1. 요리사와 손님과의 대화란 좀처럼 없는 일이므로 소중히 해야 한다.
2. 요리를 음미하는 시간이 필요하므로, 점심시간을 늘려야 한다.
3. **먹을 때도 습관이란 것은 중요하므로, 요리를 음미하는 시간을 가져야 한다.**
4. 맛있는 요리일수록 음미하는 시간을 가지기로 했다.

해설 이 글에서 필자가 가장 하고 싶은 말은 두 번째 단락 마지막 문장부터 나와 있다. [習慣とは恐ろしいもので、味わいの時間はあっという間に過ぎ去ってしまったのだ。ご存じのように、食によって得られる快感はうまさとそれを味わう時間と比例する]로부터, 3번이 정답임을 유추할 수 있다.

실전 문제 05 수필문

問題　つぎの文章を読んで、質問に答えなさい。答えは、1・2・3・4から最もよいものを一つえらびなさい。

　社会人になると苦手(にがて)な人と付き合っていくことも仕事の一つになってきます。給料をもらって働いているのですから、好きな友だちが自分のまわりにいて、楽しく笑いながら仕事をすることはできないのです。「自分の知らないうちに、選ぶことのできない人間関係の中に入れられてしまう」①それが会社です。

　けれども、「苦手意識を克服(こくふく)してうまく付き合うことで人間的に少し成長する。」②そのように前向きに考えて気持ちをコントロールしていきましょう。

●苦手意識を持つことの③問題点

　苦手な人がいると「あー嫌だ」「顔も見たくない」と思いながら、一日中その人のことで頭が一杯になることはありませんか。いつも苦手な人のことを考えながら、自分の大切な時間を無駄にしているのです。

　人間関係がうまくいかない時は、つい落ち込んでしまうものです。当然、仕事もおもしろくなくなり、やる気もなくなってしまいます。

　つまり、自分がもともと持っている力を出せなくなるのです。苦手な人に対してはつい感情的になったり、イライラしてしまうものです。自分でコントロールできない気持ちがエスカレートすると、会社まで辞めたくなってしまいます。

●どうしても苦手な人は苦手という方は

　あなたがどんなにあれこれと考え悩んでも、相手が変わることはないと考えましょう。そんな時は、「こんなふうにしか表現できない人」と許してしまうことが大切。苦手な相手を許せないでいることは、ただ自分を苦しめるだけなのです。

　人間関係に悩んでいる間に、年をとるなんてもったいないと思いませんか？自分なりに気分転換する方法を身につけて、楽しく仕事をすることが一番です。

問1　①それが会社ですとあるが、本文では会社とはどういうものだと言っているか。

1　苦手な人ばかりがいるので仕事がしにくいところ
2　さまざまな人間関係の中で仕事をするところ
3　給料をもらうことができる大切なところ
4　楽しく笑いながら仕事ができるところ

問2　②そのように前向きに考えての"そのように"とは何か。

1　苦手な人と付き合うことも仕事だとあきらめること
2　苦手な人の声をできるだけ聞かないようにすること
3　好きな友だちが自分のまわりにいると考えること
4　苦手な人と付き合うことで自分が成長できると考えること

問3 苦手意識を持つとどんな③問題点があると言っているか。

1　楽しく笑って仕事ができなくなること

2　自分の持っている力で仕事ができなくなること

3　好きな友達といっしょにいられないこと

4　自分の選んだ人間関係がつくれないこと

問4 この文章の中で一番言いたいことはどんなことか。

1　いつも楽しく笑いながら仕事のできる会社をえらぶことが大切である。

2　会社の中で苦手な人がいたら、できるだけ見ないようにすることが大切である。

3　会社の中で苦手な人がいたら、変わってもらえるように考えることが大切である。

4　苦手な人を許すことで、楽しく仕事ができる方法を見つけることが大切である。

해석 및 해설 05 수필문

지문 해석

　사회인이 되면 상대하기 싫은 사람과 만나는 것도 일의 하나가 됩니다. 급여를 받고 일하는 것이기 때문에, 좋아하는 친구가 자신의 주위에 있어 즐겁게 웃으며 일할 수는 없는 것입니다. '자신도 모르는 사이에 선택할 수 없는 인간관계 속에 들어가 버리는' ①<u>그것이</u> 회사입니다.
　그렇지만 '싫다는 의식을 극복하여 잘 맞춰 감으로써 인간적으로 조금은 성장한다' ②<u>그렇게 긍정적으로 생각하고</u> 마음을 다스립시다.

● 싫다는 의식을 가지는 것에 대한 ③<u>문제점</u>
　상대하기 싫은 사람이 있으면 '아~ 싫다' '얼굴도 보고 싶지 않다'고 생각하면서 하루 종일 그 사람 일로 머릿속이 가득 차지 않습니까? 언제나 상대하기 싫은 사람을 생각하며 자신의 소중한 시간을 헛되이 하고 있는 것입니다.
　인간관계가 잘 되지 않을 때에는 자기도 모르게 의기소침해지는 법입니다. 당연히 일도 재미없어지고 의욕도 없어집니다.
　즉, 자신이 원래 갖고 있던 능력을 발휘할 수 없게 되는 것입니다. 싫은 사람에 대해서는 쉽게 감정적이 되거나 짜증이 나고 맙니다. 스스로 조절할 수 없는 기분이 고조되면 회사까지 그만두고 싶어집니다.

● 아무리 해도 싫은 사람은 싫다는 분은
　당신이 아무리 이것저것 생각하고 고민해도 상대가 바뀌는 일은 없다고 생각하세요. 그런 때에는 '이런 식으로 밖에 표현할 수 없는 사람'이라고 인정하는 것이 중요합니다. 싫은 상대를 인정하지 않는 것은 단지 자신을 괴롭힐 뿐입니다.
　인간관계로 고민하는 사이에 나이가 든다니 아깝지 않습니까? 자기 나름대로 기분 전환하는 방법을 터득해서 즐겁게 일하는 것이 제일입니다.

단어

苦手(にがて) 상대하기 싫음, 질색임 | **付(つ)き合(あ)う** 사귀다, 행동을 같이하다 | **給料(きゅうりょう)** 급료, 급여 | **まわり** 주위, 주변 | **~ないうちに** ~하기 전에 | **意識(いしき)** 의식 | **克服(こくふく)する** 극복하다 | **~ことで** ~해서, ~함으로써 | **成長(せいちょう)する** 성장하다 | **前向(まえむ)きに** 긍정적으로 | **コントロール** 컨트롤, 조절 | **一日中(いちにちじゅう)** 하루 종일 | **頭(あたま)が一杯(いっぱい)になる** 머릿속이 가득 차다 | **無駄(むだ)にする** 헛되이 하다, 낭비하다 | **人間関係(にんげんかんけい)** 인간관계 | **うまくいく** 잘 되다 | **つい** 그만, 무심코 | **やる気(き)** 의욕 | **なくなる** 없어지다 | **つまり** 즉 | **もともと** 원래, 애초 | **力(ちから)を出(だ)す** 힘을 내다 | **感情的(かんじょうてき)** 감정적 | **イライラする** 초조해하다, 짜증나다 | **エスカレートする** 확대되다, 심해지다 | **辞(や)める** 그만두다 | **考(かんが)え悩(なや)む** 생각하고 고민하다 | **許(ゆる)す** 용인하다, 인정하다 | **ただ~だけだ** 단지 ~뿐이다 | **苦(くる)しめる** 괴롭히다 | **悩(なや)む** 고민하다 | **年(とし)をとる** 나이를 먹다 | **~なんて** ~하다니 | **もったいない** 아깝다 | **気分転換(きぶんてんかん)** 기분 전환 | **身(み)につける** 익히다

> 문제 해설

문1 ①그것이 회사입니다라고 했는데, 본문에서는 회사란 어떤 것이라고 말하고 있는가?

1. 상대하기 싫은 사람만 있어서 일하기 힘든 곳
2. 다양한 인간관계 속에서 일을 하는 곳
3. 급여를 받을 수 있는 소중한 곳
4. 즐겁게 웃으면서 일할 수 있는 곳

> 해설 해당 밑줄의 앞부분인 [自分の知らないうちに、選ぶことのできない人間関係の中に入れられてしまう]에 근거하여, 여러 사람들과 인간관계를 맺어야 함을 알 수 있으므로 2번이 정답이다.

문2 ②그렇게 긍정적으로 생각하고의 '그렇게'란 무엇인가?

1. 상대하기 싫은 사람과 만나는 것도 일이다…라고 체념하는 것
2. 상대하기 싫은 사람의 목소리를 가능한 한 듣지 않도록 하는 것
3. 좋아하는 친구가 자신의 주위에 있다고 생각하는 것
4. 상대하기 싫은 사람과 교제함으로써 자신이 성장할 수 있다고 생각하는 것

> 해설 해당 밑줄의 앞부분인 [苦手意識を克服してうまく付き合うことで人間的に少し成長する]로부터, 4번이 정답임을 알 수 있다.

문3 싫다는 의식을 가지면 어떤 ③문제점이 있다고 말하고 있는가?

1. 즐겁게 웃으면서 일할 수 없게 되는 것
2. 자신이 갖고 있는 능력으로 일할 수 없게 되는 것
3. 좋아하는 친구와 함께 있을 수 없는 것
4. 자신이 선택한 인간관계를 만들수 없는 것

> 해설 본문 [●苦手意識を持つことの③問題点] 부분의 세 번째 단락 [つまり、自分がもともと持っている力を出せなくなるのです]로부터 2번이 정답임을 알 수 있다. 밑줄 부분 근처에 답이 없는 것에 유의하자.

문4 이 글 안에서 가장 말하고 싶은 것은 어떤 것인가?

1. 언제나 즐겁게 웃으면서 일할 수 있는 회사를 선택하는 것이 중요하다.
2. 회사 안에 싫은 사람이 있으면 가능한 한 보지 않도록 하는 것이 중요하다.
3. 회사 안에 싫은 사람이 있으면 변해 주었으면 하고 생각하는 것이 중요하다.
4. 싫은 사람을 인정함으로써 즐겁게 일할 수 있는 방법을 찾는 것이 중요하다.

> 해설 본문의 [●どうしても苦手な人は苦手という方は] 부분의 두 번째 문장인 [そんな時は、「こんなふうにしか表現できない人」と許してしまうことが大切]와 마지막 문장인 [自分なりに気分転換する方法を身につけて、楽しく仕事をすることが一番です]에 근거하여, 4번이 정답임을 알 수 있다.

실전 문제 06 논설문

問題　つぎの文章を読んで、質問に答えなさい。答えは、1・2・3・4から最もよいものを一つえらびなさい。

　　最近の日本人は全体として元気がないとはよく言われることです。国としても個人としても豊かな方に入るはずの①日本人の元気がないということは豊かさそのものが元気のもとではないことを証明しています。

　　アメリカではおじさんやおばさんくらいの年齢の人たちが②金がなくても元気に学生をやっているそうです。それはこれから先の自分を信じているからでしょう。その人がどこに位置しているのかではなく、どこに向かおうとしているかを感じて理解することで落ち込んだり、元気を回復するということを証明しているように思えます。

　　こんな時代に、③元気な企業の経営者が考えていることはとても参考になります。それらの人たちの話を聞いていると資源のない日本で、人間という資源を有効に利用しているように思えます。

　　彼らは、人から言われてからやるより、自分でやることを見つけてやった方が何倍も力が出せるという基本的なルールに従っていると言えます。

　　自分で見つけた個性を具体的にするためには次の二つが必要になってくると思います。

　　1. 自分が本当にやりたいことを見つけること
　　2. それが実現することを信じて疑(うたが)わないこと

一番目は具体的に見つからなくても方向さえ理解できれば、あることに興味(きょうみ)を持っている自分を発見できるはずです。自分がどの位置にいても、そこに近づいていることを感じて理解することはだれにとっても嬉しいことであるに違いありません。

問1 ①日本人の元気がないとあるが、それはどうしてだと考えられるか。

1　国が豊かで、元気がなくても生きていけるから
2　勉強したいという気持ちが少ないから
3　今、どんな位置にいるのか考えていないから
4　これから向かう先のことを考えていないから

問2 なぜアメリカでは、②金がなくても元気に学生をやっているのか。

1　落ち込んでも回復する力が強いから
2　これから先の自分のことをしっかり感じているから
3　アメリカは日本にくらべて豊かな国だから
4　日本人よりもアメリカ人のほうが勉強したいという気持ちが強いから

問3 ③元気な企業の経営者が考えていることとはどういうことか。

1　日本は資源が少ないので、人間をたくさん働かせることが大切だと考えていること

2　少ない資源をどうしたら有効に使えるかを考えることが大切だと考えていること

3　自分のやりたいことを見つけてやっていくことが大切だと考えていること

4　知識や経験のある人間をたくさん会社に入れることが大切だと考えていること

問4　この文章で筆者が一番言いたいことはどんなことか。

1　自分のやりたいことを見つけて、実現したいという気持ちが大切である。

2　知識や経験、スキルを身につけることが一番大切なことである。

3　日本もアメリカのようにおじさんやおばさんも学校へ行けるようにするべきである。

4　日本でも、元気な企業を増やしていくことが大切である。

해석 및 해설 06 논설문

지문 해석

　최근 일본인은 전체적으로 활기가 없다란 말은 자주 듣습니다. 국가적으로도 개인적으로도 부유한 편에 속하는 ①일본인이 활기가 없다는 것은 부유함 그 자체가 활기의 근원은 아니라는 것을 증명하고 있습니다.

　미국에서는 아저씨나 아주머니 가량의 연령대 사람들이 ②돈이 없어도 활기차게 배우고 있다고 합니다. 그것은 앞으로의 자신을 믿고 있기 때문이겠지요. 그 사람이 어디에 위치하고 있는지가 아니라, 어디로 향하려고 하는지를 느끼고 이해함으로써 의기소침해지거나 원기를 회복한다는 것을 증명하고 있다고 생각할 수 있습니다.

　이런 시대에 ③건강한 기업의 경영자가 생각하고 있는 것은 매우 참고가 됩니다. 그런 사람들의 이야기를 듣고 있으면 자원이 없는 일본에서 인간이라는 자원을 효과적으로 이용하고 있다고 생각됩니다.

　그들은 남에게 들어서 하기보다 스스로 할 일을 찾아서 하는 편이 몇 배나 능력을 발휘할 수 있다는 기본적인 룰에 따르고 있다고도 할 수 있습니다.

　스스로 찾은 개성을 구체화하기 위해서는 다음의 두 가지가 필요하다고 생각합니다.

1. 자신이 정말 하고 싶은 일을 찾는 것
2. 그것이 실현될 것이라고 믿고 의심하지 않는 것

　첫 번째는 구체적으로 찾지 못해도 방향만 이해할 수 있으면 어떤 것에 흥미를 갖고 있는 자신을 발견할 수 있을 것입니다. 자신이 어느 위치에 있어도 그곳에 가까워지고 있는 것을 느끼고 이해하는 것은 누구에게나 기쁜 일임에 틀림없습니다.

단어

全体(ぜんたい)として 전체적으로 | **元気(げんき)がない** 활기가 없다 | **個人(こじん)** 개인 | **豊(ゆた)かな** 풍요로운, 부유한 | **~のもと** ~의 근원 | **証明(しょうめい)する** 증명하다 | **年齢(ねんれい)** 연령 | **位置(いち)** 위치 | **落(お)ち込(こ)む** 침울해지다, 의기소침하다 | **回復(かいふく)する** 회복하다 | **企業(きぎょう)** 기업 | **資源(しげん)** 자원 | **有効(ゆうこう)に** 효과적으로 | **思(おも)える** 생각되다, 그렇게 느끼다 | **基本的(きほんてき)** 기본적 | **~に従(したが)う** ~에 따르다 | **見(み)つける** 찾다 | **個性(こせい)** 개성 | **具体的(ぐたいてき)** 구체적 | **実現(じつげん)する** 실현하다 | **疑(うたが)う** 의심하다 | **~さえ~ば** ~만 ~하면 | **興味(きょうみ)** 흥미 | **~に近(ちか)づく** ~에 다가서다, ~에 가까워지다 | **~にとっても** ~에 있어서도, ~에서도 | **~に違(ちが)いない** ~임에 틀림없다 | **しっかり** 확실히, 단단히 | **知識(ちしき)** 지식 | **増(ふ)やす** 늘리다

문제 해설

문1 ①일본인이 활기가 없다고 하는데, 그것은 무엇 때문이라고 생각할 수 있는가?
1. 나라가 부유해서 활기가 없어도 살아갈 수 있으니까
2. 공부하고 싶다는 마음이 적어서
3. 지금 어떤 위치에 있는지 생각하지 않으니까
4. **앞으로 나아갈 앞날을 생각하지 않으니까**

해설 미국의 아저씨, 아주머니의 예를 들며 [それはこれから先の自分を信じているからでしょう]와 같은 이유로 힘을 낸다고 했으므로, 역으로 생각하면 4번이 정답임을 유추할 수 있다.

문2 왜 미국에서는 ②돈이 없어도 활기차게 배우고 있는가?
1. 우울해져도 회복하는 힘이 강해서
2. **앞으로의 자신을 확실히 느끼고 있어서**
3. 미국은 일본에 비해 부유한 나라여서
4. 일본인보다 미국인이 공부하고 싶다는 마음이 강해서

해설 해당 밑줄의 뒷부분인 [それはこれから先の自分を信じているからでしょう。その人がどこに位置しているのかではなく、どこに向かおうとしているかを感じて理解することで]로부터, 2번이 정답임을 알 수 있다.

문3 ③건강한 기업의 경영자가 생각하고 있는 것이란 어떤 것인가?
1. 일본은 자원이 적어서 인간을 많이 일하게 하는 것이 중요하다고 생각하는 것
2. 적은 자원을 어떻게 하면 효과적으로 사용할 수 있을지 생각하는 것이 중요하다고 생각하는 것
3. **자신이 하고 싶은 일을 찾아 해 나가는 것이 중요하다고 생각하는 것**
4. 지식과 경험이 있는 사람들을 회사에 많이 들어오게 하는 것이 중요하다고 생각하는 것

해설 네 번째 단락의 [人から言われてからやるより、自分でやることを見つけてやった方が何倍も力が出せるという基本的なルールに従っていると言えます]로부터, 3번이 정답임을 알 수 있다.

문4 이 글에서 필자가 가장 말하고 싶은 것은 어떤 것인가?
1. **자신이 하고 싶은 일을 찾아 실현하고 싶다는 마음이 중요하다.**
2. 지식과 경험, 기술을 익히는 것이 가장 중요한 일이다.
3. 일본도 미국처럼 아저씨나 아주머니도 학교에 갈 수 있도록 해야 한다.
4. 일본에도 건강한 기업을 늘려 나가는 것이 중요하다.

해설 본문의 [1. 自分が本当にやりたいことを見つけること 2. それが実現することを信じて疑わないこと]로부터, 1번이 정답임을 알 수 있다.

Memo

4 | 정보 검색 공략하기

문제 유형 분석

정보 검색 – 광고, 알림, 팸플릿, 정보지 등의 정보 소재글 600자 정도 안에서 자신에게 필요한 정보를 찾아낼 수 있는지 묻는 문제이다. 전체 또는 부분을 신속하게 읽어 낼 수 있는지를 측정하며 모든 급수에서 출제된다. 한 지문에 2문항이 출제되며, 문제 풀이 시간은 10분 정도로 잡는다.

문제 풀이 비법

1. 일본에서 실제로 생활하면서 많이 접하게 되는 여러 가지 정보 소재를 토대로 출제되는 문제이다. 자신이 필요로 하는 정보를 얼마나 신속하고 정확하게 파악할 수 있는지가 관건이며, 스킬을 요하는 문제이다. 새로운 유형의 문제이기 때문에 얼핏 보면 어려워 보이지만 그 질문에 맞는 정보를 정확하게 파악하면 확실한 득점을 할 수 있다.

2. 질문을 보고 필요한 정보가 지문 전체 중 어느 부분에 제시되어 있는지 찾는다. 정보 소재 중에서 하나의 기본이 되는 조건을 정하고 나서 하나씩 체크해 가면서 파악하는 것이 중요하다. 또한, 숫자가 나오는 경우가 많은데, 예를 들면 날짜, 기간, 할인에 대한 계산 등등 질문 자체는 어렵지 않지만 익숙해지는 것이 관건이다.

3. 문장 전체를 두 단락으로 나눈다. 크게는 표가 있는 곳에서 한 문항 그리고 문장이 있는 부분에서 한 문항이 출제된다고 생각하면 쉽다. 각 문항을 풀 때 선택지를 표에 쓰여진 정보 소재와 하나씩 대조해서 체크해 가면 된다. 처음에는 시간이 걸릴 것이므로 많은 문제를 풀어 봐야 할 것이다.

4. 단, 예외를 나타내는〈ただし、〜別途(べっと)、〜のみ、〜以外(いがい)、別室(べっしつ)、別館(べっかん)、除(のぞ)き〉등의 표현에 주의하여 함정에 빠지지 않도록 하자. 요모조모 구석구석 따져 보고 읽지 않으면, 놓치고 지나가는 부분들이 많으므로 유의하자.

실전 문제 **01 안내문**

問題　右のページはレンタカー利用の案内である。つぎの文章を読んで、下の質問に答えなさい。答えは、1・2・3・4から最もよいものを一つえらびなさい。

問1　旅行予定日6週間前に予約をした。6泊7日間レンタカーを借りる場合の料金はいくらになるか。S／A／WAクラス全ての場合を考えた場合、間違っているものを選びなさい。

1　44400円

2　41900円

3　85700円

4　34300円

問2　6週間後に家族5人で旅行をする。2万円以下で一番良い車をレンタルしたい。どのクラスで何日間レンタルできるのか合っているものを選びなさい。

1　WAクラスで2泊3日

2　Aクラスで2泊3日

3　Sクラスで2泊3日

4　WAクラスで1泊2日

レンタカー

利用日数		Sクラス (定員4名) 代金(1台)	Aクラス (定員5名) 代金(1台)	WAクラス (定員7〜8名) 代金(1台)
1日間 コース	早割り30	4700円	6200円	12400円
	基本	5200円	6700円	12900円
1泊2日間 コース	早割り30	10400円	12900円	24800円
	基本	11400円	13900円	25800円
2泊3日間 コース	早割り30	14500円	18100円	37100円
	基本	16000円	19600円	38600円
3泊4日間 コース	早割り30	19200円	23800円	49000円
	基本	21200円	25800円	51000円
4泊5日間 コース	早割り30	23900円	29500円	60900円
	基本	26400円	32000円	63400円
延長1日 コース	基本	5200円	6200円	12400円

注意：① 早割り30は利用開始日30日前までに予約をすると1日につき、基本料金から500円割引になります。早割り30は最大4泊5日間までの適用になります。

② 複数のコースを組み合わせての予約はできません。

해석 및 해설 01 안내문

문제 해설

문제 오른쪽 페이지는 렌터카 이용 안내이다. 다음 글을 읽고 아래 질문에 답하시오. 답은 1·2·3·4 중 가장 적당한 것을 하나 고르시오.

문1 여행 예정일 6주 전에 예약을 했다. 6박 7일간 렌터카를 사용할 경우 요금은 얼마가 되는가? S/A/WA 모든 클래스의 경우를 생각했을 때 옳지 않은 것을 고르시오.

1. 44400엔
2. 41900엔
3. 85700엔
4. 34300엔

해설 이용 개시일 30일 전 예약이므로 조기 할인 금액으로 봐야 한다. 4박 5일 코스의 가격은 S 클래스 – 23900엔, A 클래스 – 29500엔, WA 클래스 – 60900엔이다. 여기에 이틀을 연장해야 하므로 S 클래스 – 10400엔, A 클래스 – 12400엔, WA 클래스 – 24800엔을 더했을 때 나오는 금액을 찾으면 된다. 그러므로 이것과 일치하지 않는 1번이 정답이 된다.

문2 6주 후에 5인 가족이 여행을 한다. 2만 엔 이하의 가격으로 가장 좋은 차를 빌리고자 한다. 어느 클래스로 며칠간 빌릴 수 있는지 맞는 것을 고르시오.

1. WA 클래스로 2박 3일
2. **A 클래스로 2박 3일**
3. S 클래스로 2박 3일
4. WA 클래스로 1박 2일

해설 6주 후에 여행갈 계획이므로 조기 할인 금액으로 봐야 한다. 계산해 봤을 때 1번과 4번은 2만 엔을 초과하므로 오답이 되고, 3번은 14500엔으로 2만 엔 이내지만 가장 좋은 차를 희망하는 조건엔 맞지 않으니 오답이 된다. 그러므로 가장 좋은 차이며 2만 엔 이내인 2번이 정답이 된다.

단어

予定日(よていび) 예정일 | 予約(よやく) 예약 | 借(か)りる 빌리다 | 料金(りょうきん) 요금 | 定員(ていいん) 정원 | 利用日数(りようにっすう) 이용 일수 | 代金(だいきん) 대금 | 早割(はやわり) 조기 할인 | 基本(きほん) 기본 | 延長(えんちょう) 연장 | 開始日(かいしび) 개시일 | ~につき ~당 | 割引(わりびき) 할인 | 最大(さいだい) 최대 | 適用(てきよう) 적용 | 連続(れんぞく) 연속 | 複数(ふくすう) 복수 | 組(く)み合(あ)わせる 조합하다

> 지문 해석

렌터카

이용 일수		S 클래스 (정원 4명) 대금(1대)	A 클래스 (정원 5명) 대금(1대)	W A 클래스 (정원 7~8명) 대금(1대)
1일 코스	조기 할인 30	4700엔	6200엔	12400엔
	기본	5200엔	6700엔	12900엔
1박 2일 코스	조기 할인 30	10400엔	12900엔	24800엔
	기본	11400엔	13900엔	25800엔
2박 3일 코스	조기 할인 30	14500엔	18100엔	37100엔
	기본	16000엔	19600엔	38600엔
3박 4일 코스	조기 할인 30	19200엔	23800엔	49000엔
	기본	21200엔	25800엔	5 1000엔
4박 5일 코스	조기 할인 30	23900엔	29500엔	60900엔
	기본	26400엔	32000엔	63400엔
연장 1일 코스	기본	5200엔	6200엔	12400엔

주의 : ① 조기 할인 30은 이용 개시일 30일 전까지 예약하시면 하루당 기본요금에서 500엔이 할인됩니다.
조기 할인 30은 최대 4박 5일간까지 적용됩니다.
② 다른 코스와 조합해 예약하시는 것은 불가능합니다.

실전 문제 02 안내문

問題　右のページは展覧会の案内である。つぎの文章を読んで、下の質問に答えなさい。答えは、1・2・3・4から最もよいものを一つえらびなさい。

問1　本文のコレクション展の説明として正しいのはどれか。

1　「現代人と自然の共存」というのが本展覧会の大きなテーマである。
2　平日と週末の閉館時間は異なり、休館日が祝日の場合は開館する。
3　5カ国語の音声ガイドがあり、借りる場合は身分証を見せなければならない。
4　10人の中学生の観覧料は6000円である。

問2　「遠い記憶への招待」の主な内容は何か。

1　江戸時代の都市景観や生活、風俗、文化について学べる展示会
2　日本人が関心を寄せた西洋の水彩画について紹介する展示会
3　江戸時代の人々の自然との付き合い方に触れられる展示会
4　江戸時代の対外関係や他文化の受容について説明する展示会

東京アートセンターコレクション展

「遠い記憶への招待」

2017年9月23日(土)～10月22日(日)

★ 展覧会の内容 ★

　今回のコレクション展は、江戸時代の人々の自然に対する接し方や暮らしぶりを当時の水彩画でご覧いただけます。特に自然をモチーフにした作品を通じ、当時の人々が自然とどのように向き合い、どうかかわりながら生活したのか季節別に分けてたっぷり触れていただきます。花が咲きほこる春、緑豊かな夏、葉が舞い落ちる秋、白い雪国の冬など、江戸時代の四季の魅力を感じながら人間と自然との相互関係について深く考えていただきたいです。当時の人は自然を見て何を思い、何を感じていたでしょうか。遠い記憶の人々に出会って、今とは違う当時の四季を楽しんでみましょう。

★ 基本情報 ★

会期及び開館時間	2017年9月23日(土)～10月22日(日) 9時～5時半(土曜日、日曜日は6時閉館)
休館日	毎週の月曜日(月曜日が祝日の場合は開館)
観覧料	一般：1200円 学生(中・高・大)：800円 小学生以下、60歳以上：無料 ＊15人以上の団体客は各対象額から200円割引
主催	東京アートセンター
その他	英語、中国語のオーディオガイドあり(身分証や200円の預かり金必要)

★ 関連イベント ★

・「江戸時代を知る」講演会（事前申し込み必要、参加費は無料）
　：江戸時代を研究する歴史家をご招待し、江戸時代の暮らし、風俗、文化について学ぶ
・「ギャラリートーク」（観覧日当日申し込み可、参加費無料）
　：展覧会のキュレーターが作品の見どころや楽しみ方について説明する

해석 및 해설 02 안내문

문제 해설

문제 오른쪽 페이지는 전람회 안내이다. 다음 글을 읽고 아래 질문에 답하시오. 답은 1·2·3·4 중 가장 적당한 것을 하나 고르시오.

문1 본문의 컬렉션 전의 설명으로서 옳은 것은 무엇인가?
1. '현대인과 자연의 공존'이라는 것이 본 전람회의 큰 테마이다.
2. **평일과 주말의 폐관 시간이 다르며, 휴관일이 공휴일인 경우에는 개관한다.**
3. 5개국의 음성 가이드가 있으며, 빌릴 때에는 신분증을 보여 줘야 한다.
4. 중학생 10명의 관람료는 6000엔이다.

해설 1번, 현대인이 아니라 에도 시대의 사람들이다. 2번, 기본 정보를 보면 알 수 있다. 평일의 폐관 시간은 5시 반, 주말의 폐관 시간은 6시이고, 매주 월요일이 휴관일인데 월요일이 공휴일인 경우에는 개관한다고 쓰여 있으므로 맞는 설명이다. 3번, 5개국이 아니라 영어와 중국어 음성 가이드만 있다. 4번, 15명 이상만 할인 받을 수 있으므로 중학생 10명은 할인 대상이 아니다. 그러므로 정답은 2번이 된다.

문2 '먼 기억으로의 초대'의 주된 내용은 무엇인가?
1. 에도 시대의 도시 경관과 생활, 풍속, 문화에 대해 배울 수 있는 전시회
2. 일본인이 관심을 모은 서양의 수채화에 대해서 소개하는 전시회
3. **에도 시대 사람들의 자연과 더불어 살아가는 방법에 대해서 접할 수 있는 전시회**
4. 에도 시대의 대외 관계와 타 문화 수용에 대해서 설명하는 전시회

해설 전람회 내용 첫째 줄 [江戸時代の人々の自然に対する接し方や暮らしぶりを当時の水彩画でご覧いただけます]을 보면 알 수 있다. 에도 시대 사람들이 자연을 어떻게 접하면서 살아갔는지 당시의 수채화를 통해서 감상할 수 있다고 했으므로 정답은 3번이 된다.

단어

展覧会(てんらんかい) 전람회 | 現代人(げんだいじん) 현대인 | 共存(きょうぞん) 공존 | 閉館(へいかん) 폐관 | 異(こと)なる 다르다 | 休館日(きゅうかんび) 휴관일 | 祝日(しゅくじつ) 공휴일 | 開館(かいかん) 개관 | 音声(おんせい) 음성 | 借(か)りる 빌리다 | 身分証(みぶんしょう) 신분증 | 記憶(きおく) 기억 | 招待(しょうたい) 초대 | 景観(けいかん) 경관 | 風俗(ふうぞく) 풍속 | 学(まな)ぶ 배우다 | 寄(よ)せる 모으다 | 水彩画(すいさいが) 수채화 | 付(つ)き合(あ)い方(かた) 교제하는 법 | 触(ふ)れる 접하다 | 対外関係(たいがいかんけい) 대외 관계 | 受容(じゅよう) 수용 | ~に対(たい)する ~에 대한 | 接(せっ)し方(かた) 접촉 방식 | 暮(く)らしぶり 생활 모습 | ~を通(つう)じ ~을 통해 | 向(む)き合(あ)う 마주하다 | 季節別(きせつべつ) 계절별 | 分(わ)ける 나누다 | たっぷり 듬뿍, 충분히 | 咲(さ)きほこる 흐드러지게 피다 | 緑豊(みどりゆた)か 초록 무성함 | 舞(ま)い落(お)ちる (춤추듯) 떨어지다 | 雪国(ゆきぐに) 설국 | 魅力(みりょく) 매력 | 相互関係(そうごかんけい) 상호 관계 | 深(ふか)く 깊게 | 会期(かいき) 회기, 개최 기간 | 対象額(たい

しょうがく) 대상 금액 | **割引**(わりびき) 할인 | **預**(あずか)**り金**(きん) 보증금 | **関連**(かんれん) 관련 | **講演会**(こうえんかい) 강연회 | **事前**(じぜん) 사전 | **申**(もう)**し込**(こ)**み** 신청 | **参加費**(さんかひ) 참가비 | **研究**(けんきゅう) 연구 | **歴史家**(れきしか) 역사가

> 지문 해석

도쿄 아트센터 컬렉션 전
'먼 기억으로의 초대'
2017년 9월 23일(토)~10월 22일(일)

★ 전람회 내용 ★

　이번 컬렉션 전은 에도 시대 사람들의 자연에 대한 접촉 방식과 생활 모습을 당시의 수채화로 보실 수 있습니다. 특히 자연을 모티브로 한 작품을 통해 당시 사람들이 자연을 어떻게 대하고 어떻게 관계를 맺으며 생활했는지 계절별로 나눠서 충분히 감상하실 수 있습니다. 벚꽃이 흐드러지게 피는 봄, 초록이 무성한 여름, 낙엽이 흩날리는 가을, 새하얀 설국의 겨울 등 에도 시대의 사계절의 매력을 느끼면서 인간과 자연과의 상호 관계에 대해서 깊게 생각할 수 있었으면 좋겠습니다. 당시 사람들은 자연을 어떻게 생각하고 무엇을 느끼고 있었을까요? 먼 기억 속의 사람들을 만나 지금과는 다른 당시의 사계절을 즐겨 봅시다.

★ 기본 정보 ★

기간 및 개관 시간	2017년 9월 23일(토)~10월 22일(일) 9시~5시 반(토요일, 일요일은 6시 폐관)
휴관일	매주 월요일 (월요일이 공휴일인 경우에는 개관)
관람료	일반 : 1200엔 학생(중·고·대) : 800엔 초등학생 이하, 60세 이상 : 무료 ＊ 15명 이상의 단체 관람객은 각 대상 금액에서 200엔 할인
주최	도쿄 아트센터
그 밖	영어, 중국어 오디오 가이드 있음 (신분증과 200엔 보증금 필요)

★ 관련 이벤트 ★

- '에도 시대를 알다' 강연회(사전 신청 필요, 참가비는 무료)
  : 에도 시대를 연구하는 역사학자를 초대해서 에도 시대의 생활, 풍속, 문화에 대해서 배운다.
- '갤러리 토크'(관람일 당일 신청 가능, 참가비 무료)
  : 전람회 큐레이터가 작품의 볼 만한 곳이나 감상 방법에 대해서 설명한다.

실전 문제 03 안내문

問題　右のページは「親子教室のイベント」に参加する人を募集するための案内である。つぎの文章を読んで、下の質問に答えなさい。答えは、1・2・3・4から最もよいものを一つえらびなさい。

問1　このイベント案内の内容と合っているのはどれか。

1　5日と19日2回参加する場合の大人の料金は6000円である。

2　レッスンの後、交流会があるのでイベントは12時に終わる。

3　急用ができて参加できない場合は、参加費を返してもらえる。

4　この教室のヨガレッスンに子どもは参加できない。

問2　このイベントに参加したいと思う人の申し込みメールの正しい書き方はどれか。

1
```
「親子教室のイベント」に
参加を申し込みます。
・小田雄二
・小田恵子
・2010.7.5 / 4ヶ月
・〒112-8555 東京都文京区
　春日2-15-20
・TEL:080-3711-7143
```

2
```
「親子教室のイベント」に
参加を申し込みます。
・小田雄二（おだゆうじ）
・小田恵子（おだけいこ）
・2010.7.5
・〒112-8555 東京都文京区
　春日2-15-20
・TEL:080-3711-7143
```

3
```
「親子教室のイベント」に
参加を申し込みます。
・小田雄二（おだゆうじ）
・小田恵子（おだけいこ）
・2010.7.5 / 4ヶ月
・〒112-8555 東京都文京区
　春日2-15-20
・TEL:080-3711-7143
```

4
```
「親子教室のイベント」に
参加を申し込みます。
・小田雄二（おだゆうじ）
・小田恵子（おだけいこ）
・2010.7.5 / 4ヶ月
・〒112-8555 東京都文京区
　春日2-15-20
```

<h1 style="text-align:center;">親子教室のイベント案内</h1>

◎日にち　　　10月5日(火)、19日(火)

◎時間　　　　10時～12時 (レッスン約60分＋交流会)

◎場所　　　　文京区民センター207号

◎アクセス　　地下鉄 春日駅 (大江戸線、三田線) 歩いて3分

◎内容　　　　オイルを使わない簡単な東洋式ベビーマッサージ
　　　　　　　赤ちゃんと楽しむヨガ＋ストレッチ

※・レギュラークラスは月に2回開催しております。
・2回で全身のベビーマッサージを学ぶことができます。
・欠席される場合、参加費のお返しはできませんが、次のイベントには無料で参加できます。
・レッスンの後は、おいしいお菓子とお茶を楽しむ交流会を予定しております(12時まで)。

◎料金　　　　子ども：無料
　　　　　　　大　人：3000円、5日と19日2回で5000円(1回のみは3000円)
　　　　　　　カラーテキスト、防水シート、お茶＆お菓子、施設使用料など全て込み

◎定員　　　　6人

◎応募方法　　お申し込みはJapan oyaco-collegeの問い合わせページ、
　　　　　　　またはmaro@gmail.comまで以下の内容をお知らせください。
　　　　　　　お子さまのお名前(ふりがな)
　　　　　　　お母さまのお名前(ふりがな)
　　　　　　　お子さまの生年月日、年齢(何ヶ月)、ご住所、当日連絡のつく携帯番号

해석 및 해설 **03 안내문**

문제 해설

문제 오른쪽 페이지는 '부모와 아이가 함께 하는 교실 이벤트'에 참가하는 사람을 모집하기 위한 안내이다. 다음 글을 읽고 아래 질문에 답하시오. 답은 1·2·3·4 중 가장 적당한 것을 하나 고르시오.

문1 이 이벤트 안내 내용과 일치하는 것은 어느 것인가?

1. 5일과 19일 2회 참가할 경우 성인 요금은 6000엔이다.
2. **레슨 후 교류회가 있기 때문에 이벤트는 12시에 끝난다.**
3. 급한 일이 생겨서 참가할 수 없는 경우에는 참가비를 돌려받을 수 있다.
4. 이 교실의 요가 레슨에 어린이는 참가할 수 없다.

해설 1번, 성인의 1회 참가 비용은 3000엔이지만, 2회 참가할 경우에는 5000엔이다. 3번, 급한 일이 생겨 참가할 수 없는 경우 요금은 돌려받을 수 없는 대신 다음 달 이벤트에 무료로 참가할 수 있다. '内容'의 세 번째 항목에 있다. 4번, 부모와 아이가 함께 하는 교실이며, 어린이는 무료로 참가할 수 있다. 2번, 이벤트의 종료 시간은 '時間'과 '内容'의 네 번째 항목에서 확인할 수 있다. 따라서 정답은 2번이 된다.

문2 이 이벤트에 참가하고 싶은 사람의 올바른 신청 메일 쓰기 방법은 어느 것인가?

1
'부모와 아이가 함께 하는 교실 이벤트'에 참가를 신청합니다.
- 小田雄二
- 小田恵子
- 2010.7.5 / 4개월
- 〒112-8555 도쿄도 분쿄구 가스가 2-15-20
- TEL：080-3711-7143

2
'부모와 아이가 함께 하는 교실 이벤트'에 참가를 신청합니다.
- 小田雄二(おだゆうじ)
- 小田恵子(おだけいこ)
- 2010.7.5
- 〒112-8555 도쿄도 분쿄구 가스가 2-15-20
- TEL：080-3711-7143

3
'부모와 아이가 함께 하는 교실 이벤트'에 참가를 신청합니다.
- 小田雄二(おだゆうじ)
- 小田恵子(おだけいこ)
- 2010.7.5 / 4개월
- 〒112-8555 도쿄도 분쿄구 가스가 2-15-20
- TEL：080-3711-7143

4
'부모와 아이가 함께 하는 교실 이벤트'에 참가를 신청합니다.
- 小田雄二(おだゆうじ)
- 小田恵子(おだけいこ)
- 2010.7.5 / 4개월
- 〒112-8555 도쿄도 분쿄구 가스가 2-15-20

해설 응모 방법을 보면 아이와 엄마의 이름(후리가나), 아이의 생년월일, 개월 수와 함께 주소와 휴대폰 번호까지 적으라고 했으므로 3번이 답이 된다.

단어

親子(おやこ) 부모와 자식 | 教室(きょうしつ) 교실 | 参加(さんか)する 참가하다 | 募集(ぼしゅう)する 모집하다 | 場合(ばあい) 경우 | 大人(おとな) 어른 | 料金(りょうきん) 요금 | レッスン 레슨, 수업 | 交流会(こうりゅうかい) 교류회 | 急用(きゅうよう)ができる 급한 일이 생기다 | 返(かえ)してもらう 돌려받다 | 申(もう)し込(こ)み 신청 | 書(か)き方(かた) 쓰는 법 | 日(ひ)にち 날짜 | 簡単(かんたん) 간단함 | 東洋式(とうようしき) 동양식 | ベビー 베이비, 아기 | マッサージ 맛사지 | 赤(あか)ちゃん 아기 | 楽(たの)しむ 즐기다 | 開催(かいさい) 개최 | 全身(ぜんしん) 전신 | 学(まな)ぶ 배우다 | ~ことができる ~할 수 있다 | 欠席(けっせき) 결석 | お返(かえ)し 돌려줌 | 無料(むりょう)で 무료로 | お菓子(かし) 과자 | 防水(ぼうすい)シート 방수 시트 | 施設(しせつ) 시설 | ~込(こ)み ~포함 | 応募(おうぼ) 응모 | 問(と)い合(あ)わせ 문의 | 当日(とうじつ) 당일 | 連絡(れんらく)がつく 연락이 닿다 | 携帯番号(けいたいばんごう) 휴대폰 번호

지문 해석

부모와 아이가 함께하는 교실 이벤트 안내

◎ 날　　짜　　10월 5일(화), 19일(화)
◎ 시　　간　　10시~12시(레슨 약 60분 + 교류회)
◎ 장　　소　　분쿄 구민 센터 207호
◎ 교 통 편　　지하철 가스가 역(오에도 선, 미타 선) 도보 3분
◎ 내　　용　　오일을 사용하지 않는 간단한 동양식 베이비 마사지
　　　　　　　아기와 함께 즐기는 요가 + 스트레칭
　　　　　　　※ • 정기 클래스는 월 2회 개최하고 있습니다.
　　　　　　　　• 2회로 전신 베이비 마사지를 배울 수 있습니다.
　　　　　　　　• 결석하시는 경우, 참가비는 돌려드릴 수 없지만 다음 이벤트에는 무료로 참가할 수 있습니다.
　　　　　　　　• 레슨 후에는 맛있는 과자와 차를 즐기는 교류회가 예정되어 있습니다. (12시까지)
◎ 요　　금　　어린이 : 무료
　　　　　　　성　인 : 3000엔, 5일과 19일 2회에 5000엔(1회만은 3000엔)
　　　　　　　컬러 교재, 방수 시트, 차와 과자, 시설 사용료 등 모두 포함
◎ 정　　원　　6명
◎ 응모방법　　신청은 Japan oyaco-college의 문의 페이지,
　　　　　　　또는 maro@gmail.com으로 아래의 내용을 알려 주세요.
　　　　　　　아이의 성명(후리가나)
　　　　　　　어머니 성명(후리가나)
　　　　　　　아이의 생년월일, 연령(개월 수), 주소, 당일 연락 가능한 휴대폰 번호

실전 문제 04 안내문

問題　右のページはある牧場で開かれる「料理教室」の案内である。つぎの文章（ぶんしょう）を読んで、下の質問に答えなさい。答えは、1・2・3・4から最もよいものを一つえらびなさい。

問1　この案内によると、参加者が必ず持って来なければならないものはどれか。

1　参加費だけ
2　エプロンとタオル
3　参加費とエプロンとタオル
4　何も要らない。

問2　小学校2年生の岡田君は、この教室に参加したいと思っている。申し込みの内容について正しいものを一つえらびなさい。

1　参加費500円を持って行けばどんな教室でも参加できる。
2　岡田君はまだ小学校2年生だから参加できない。
3　来週の水曜日は学校の休みだからその日に参加予約をする。
4　参加したい日の1週間前に電話で予約してからお母さんと一緒に参加する。

「料理教室」の案内

大自然の中で育った健康な牛の牛乳を使って、アイスクリーム、バターなどを作ってみませんか。見て味わうだけでなく、作って実感できる自然のおいしさ。ぜひ体験してください。

基本メニュー	❖ 手作りバター教室 ❖ アイスクリーム教室
その他メニュー	❖ バタークッキー教室 ❖ デコレーションケーキ教室 ❖ 手作りプリン教室

製品づくりから試食、片づけまで60分コースの教室です。

◎ 研修日 　　月・木・金・土・日・祝祭日(休みの日:火・水)
◎ 時間　　　① [午前教室]　午前10時30分～11時30分まで
　　　　　　② [午後教室]　午後2時～3時まで
◎ 参加　　　誰でも自由に参加できます。
　　　　　　ご家族、お料理教室のサークル、仲よしお友達グループ、
　　　　　　また小中高生の授業として自由に活用していただける教室です。
◎ 参加費　　500円程度(材料費を含む)
◎ 教室人数　30名まで(基本メニュー)

* 参加費はコースによって決められております。
* 小学校3年生未満の子どもは保護者が一緒に参加してください。
* ご参加の時には、エプロンとタオルを持ってきてください。
* お申し込みは完全予約制です。(一週間前までに電話予約をお願いいたします。)

해석 및 해설 | **04 안내문**

문제 해설

문제 오른쪽 페이지는 어느 목장에서 열리는 '요리 교실' 안내이다. 다음 글을 읽고 아래 질문에 답하시오. 답은 1·2·3·4 중 가장 적당한 것을 하나 고르시오.

문1 이 안내에 의하면 참가자가 반드시 갖고 와야 하는 것은 어느 것인가?
1 참가비만
2 앞치마와 수건
3 참가비와 앞치마, 수건
4 아무 것도 필요 없다.

해설 끝에서 두 번째 *에 앞치마와 수건 지참을 당부하고 있으며 참가비는 코스별로 다르기 때문에 그날 코스에 따라 납부한다. 따라서 3번이 답이 된다.

문2 초등학교 2학년인 오카다 군은 이 요리 교실에 참가하고 싶다고 생각한다. 신청 내용에 대해 올바른 것을 하나 고르시오.
1 참가비 500엔을 갖고 가면 어떤 교실에도 참가 가능하다.
2 오카다 군은 아직 초등학교 2학년이라서 참가할 수 없다.
3 다음 주 수요일은 학교 휴일이니까 그날 참가할 수 있게 예약을 한다.
4 참가하고 싶은 날 1주일 전에 전화로 예약한 후 엄마와 함께 참가한다.

해설 1번, 참가비는 코스에 따라 다르며, 2번, 보호자만 있으면 참가할 수 있다. 3번, '研修日'를 보면 수요일은 강좌의 휴일이라 정답이 될 수 없다. 따라서 답은 4번이 된다.

단어

牧場(ぼくじょう) 목장 | 開(ひら)かれる 열리다 | 参加費(さんかひ) 참가비 | エプロン 앞치마 | 予約(よやく) 예약 | ～てから ～하고 나서 | 大自然(だいしぜん) 대자연 | 育(そだ)つ 자라다, 성장하다 | 健康(けんこう)な 건강한 | 牛乳(ぎゅうにゅう) 우유 | 味(あじ)わう 맛보다 | ～だけでなく ～뿐만 아니라 | 実感(じっかん) 실감 | 体験(たいけん) 체험 | 手作(てづく)り 수제, 손으로 직접 만듦 | プリン 푸딩 | 製品(せいひん)づくり 제품 만들기 | 試食(ししょく) 시식 | 片(かた)づけ 뒷정리 | 研修日(けんしゅうび) 연수일 | 祝祭日(しゅくさいじつ) 경축일 | 仲(なか)よし 사이가 좋음 | 活用(かつよう) 활용 | 材料費(ざいりょうひ) 재료비 | 含(ふく)む 포함하다 | 基本(きほん) 기본 | 未満(みまん) 미만 | 保護者(ほごしゃ) 보호자 | 完全(かんぜん) 완전(함)

> 지문 해석

「요리 교실」 안내

대자연 속에서 자란 건강한 소의 우유를 사용하여 아이스크림, 버터 등을 만들어 보지 않겠습니까? 보고 맛볼 수 있을 뿐만 아니라 만들고 실감할 수 있는 자연의 맛. 꼭 체험해 보세요.

기본 메뉴	❖ 수제 버터 교실 ❖ 아이스크림 교실
그 외 메뉴	❖ 버터 쿠키 교실 ❖ 데코레이션 케이크 교실 ❖ 수제 푸딩 교실

만들기부터 시식, 뒷정리까지 60분 코스인 강좌입니다.

◎ 연 수 일 : 월·목·금·토·일·경축일 (휴일 : 화·수)
◎ 시 　 간 : ①[오전 강좌] 오전 10시 30분~11시 30분까지
　　　　　　②[오후 강좌] 오후 2시~3시까지
◎ 참 　 가 : 누구나 자유롭게 참가할 수 있습니다.
　　　　　　가족, 요리 교실 동호회, 친구 그룹, 또 초중고생 수업으로 자유롭게
　　　　　　활용하실 수 있는 강좌입니다.
◎ 참 가 비 : 500엔 정도(재료비 포함)
◎ 강좌 정원 : 30명까지(기본 메뉴)

* 참가비는 코스에 따라 정해져 있습니다.
* 초등학교 3학년 미만의 어린이는 보호자가 함께 참가해 주세요.
* 참가 시에는 앞치마와 수건을 지참해 주십시오.
* 신청은 모두 예약제입니다. (일주일 전까지 전화 예약 부탁드립니다.)

실전 문제 05 소개문

問題　右のページは『株式会社 夢の国 URIYO支店』の紹介である。つぎの文章（ぶんしょう）を読んで、下の質問に答えなさい。答えは、1・2・3・4から最もよいものを一つえらびなさい。

問1　株式会社「夢の国」についての説明として合っているのはどれか。

1　夢の国の支店は全国に12,000店を超えている。

2　勤務時間は午前10時から午後8時までで、休日は土日のみである。

3　おもちゃは木で作られているが、その木は海外から持ってくる。

4　会社の設立もサービスのスタートも同じ年に始まった。

問2　メッセージを読んで、正しいものを一つえらびなさい。

1　育児のサポートの相談件数は、現在までに相談されたサービスの相談件数をちょうど2倍超えている。

2　「おもちゃ」は子どもが本来持っている様々な力などを引き出してくれる。

3　親は自分の子どもに買ってあげたいおもちゃをこれからも紹介する。

4　この会社は子どもに愛情を持っているので、新しいおもちゃをあげる。

✿ 株式会社 夢の国 URIYO支店 ✿

店名	URIYO-木のおもちゃ-
会社名	夢の国 株式会社
住所	〒541-0057　大阪府大阪市中央区北夢町3-4-8 星ビル5F
電話番号	070-1112-3343
FAX番号	070-1112-3344
メールアドレス	uriyo@nabe.com
営業時間	平日10:00～18:00　土日祝休み
商品	木製おもちゃ（国産木材、国内加工）
メッセージ	① 「URIYO 木のおもちゃ」を運営するURIYO運営局は、2003年設立の若いベンチャー企業・夢の国の事業部として運営を行っております。 ② 夢の国は、「世の中にない新しい何かを作り出し、それが将来、考えてみると"当たり前"になっている…そんな『もの、構造、サービス』を作り出す」会社でありたいと思っています。 ③ 2003年にスタートしたサービスは、2009年現在で12,000件を超える相談をいただき、3,500件を超える子育てのサポートをさせていただきました。 ④ 「URIYO 木のおもちゃ」は、自分の子どもに買ってあげたくなるよう安全性を持ったおもちゃを通して親と子供が成長することを目的としています。 ⑤ 「おもちゃ」は不思議な力を持っています。それは、子供が本来持っている創造性や想像力、コミュニケーション力などの力を引き出してくれます。 ⑥ 豊かな愛情が伝わるおもちゃを今後とも、ご紹介できればいいと思います。

해석 및 해설 **05 소개문**

문제 해설

문제 오른쪽 페이지는 『주식회사 유메노쿠니 우리요 지점』 소개이다. 다음 글을 읽고 아래 질문에 답하시오. 답은 1·2·3·4 중 가장 적당한 것을 하나 고르시오.

문1 주식회사 '유메노쿠니'에 대한 설명으로 맞는 것은 어느 것인가?
1 유메노쿠니 지점은 전국에 12,000점을 넘었다.
2 근무 시간은 오전 10시부터 오후 8시까지이고, 휴일은 토요일, 일요일뿐이다.
3 장난감은 나무로 만들어져 있는데, 그 나무는 해외에서 갖고 온다.
4 회사 설립도 서비스의 시작도 같은 해에 시작되었다.

해설 1번, 전국 지점 수는 이 정보로는 알 수 없다. 2번, 근무 시간이 나와 있지 않으므로 영업 시간과 일치하는지 알 수 없다. 그리고 휴일에는 국경일도 포함된다. 3번, '商品' 부분에 국산 목재로 국내 가공을 한다고 나와 있으므로 맞지 않다. 따라서 답은 4번. 'メッセージ' 부분의 ①과 ③을 통해 확인할 수 있다.

문2 메시지를 읽고 바른 것을 하나 고르시오.
1 육아 지원에 대한 상담 건수는 현재까지 상담받은 서비스의 상담 건수를 정확히 2배 넘어서고 있다.
2 '장난감'은 아이가 본래 갖고 있는 여러 능력 등을 이끌어 내 준다.
3 부모는 자신의 아이에게 사 주고 싶은 장난감을 앞으로도 소개한다.
4 이 회사는 아이에게 애정을 갖고 있기 때문에 새 장난감을 준다.

해설 메시지의 [⑤「おもちゃ」は不思議な力を持っています〜力を引き出してくれます]에서 정답은 2번임을 알 수 있다.

단어

株式会社(かぶしきがいしゃ) 주식회사 | **支店**(してん) 지점 | **超**(こ)える 넘다, 초월하다 | **勤務**(きんむ) 근무 | **休日**(きゅうじつ) 휴일 | **〜のみだ** 〜뿐이다 | **おもちゃ** 장난감 | **海外**(かいがい) 해외 | **設立**(せつりつ) 설립 | **育児**(いくじ) 육아 | **本来**(ほんらい) 본래 | **様々**(さまざま)**な** 다양한 | **引**(ひ)**き出**(だ)**す** 이끌어 내다 | **紹介**(しょうかい)**する** 소개하다 | **愛情**(あいじょう) 애정 | **木製**(もくせい) 목제 | **国産**(こくさん) 국산 | **木材**(もくざい) 목재 | **加工**(かこう) 가공 | **運営**(うんえい)**する** 운영하다 | **ベンチャー企業**(きぎょう) 벤처기업 | **事業部**(じぎょうぶ) 사업부 | **将来**(しょうらい) 장래 | **当**(あ)**たり前**(まえ) 당연함 | **構造**(こうぞう) 구조 | **作**(つく)**り出**(だ)**す** 만들어 내다 | **子育**(こそだ)**て** 육아 | **〜させていただく** 〜하다(겸양 표현) | **不思議**(ふしぎ) 불가사의함 | **創造性**(そうぞうせい) 창조성 | **想像力**(そうぞうりょく) 상상력 | **豊**(ゆた)**かな** 풍부한 | **伝**(つた)**わる** 전해지다 | **今後**(こんご)**とも** 앞으로도

> 지문 해석

✿ 주식회사 유메노쿠니 우리요 지점 ✿

지점명	우리요 - 나무 장난감 -
회사명	유메노쿠니 주식회사
주소	우 541-0057 오사카부 오사카시 추오구 기타유메초 3-4-8 호시 빌딩 5F
전화번호	070-1112-3343
FAX번호	070-1112-3344
메일 주소	uriyo@nabe.com
영업 시간	평일 10:00~18:00 토, 일, 국경일 휴무
상품	목제 장난감 (국산 목재, 국내 가공)
메시지	① '우리요 나무 장난감'을 운영하는 우리요 운영국은 2003년 설립된 젊은 벤처 기업·유메노쿠니의 사업부로서 운영하고 있습니다. ② 유메노쿠니는 '세상에 없는 새로운 무언가를 만들어 내고, 그것이 장래, 생각해 보면 "당연한 일"이 되는…그런 『물건, 구조, 서비스』를 만들어 내는' 회사로 존재하고 싶습니다. ③ 2003년에 시작한 서비스는 2009년 현재 12,000건이 넘는 상담이 들어왔으며 3,500건이 넘는 육아 지원을 했습니다. ④ '우리요 나무 장난감'은 자신의 아이에게 사 주고 싶어지도록 안전성을 갖춘 장난감을 통해 부모와 아이가 성장하는 것을 목적으로 삼고 있습니다. ⑤ '장난감'은 불가사의한 능력을 갖고 있습니다. 그것은 아이가 본래 갖고 있는 창조성과 상상력, 커뮤니케이션 능력 등의 힘을 끌어내 줍니다. ⑥ 풍부한 애정이 전해지는 장난감을 앞으로도 소개할 수 있으면 좋겠습니다.

実전 문제 06 안내문

問題　右のページは「夢の国」交流会が主催する交流会『トモダチ』の参加募集の案内である。つぎの文章を読んで、下の質問に答えなさい。答えは、1・2・3・4から最もよいものを一つえらびなさい。

問1　この交流会に参加したい人はどうすればいいか。

1　自分の住所、名前、連絡先をはがきで郵送する。

2　自分の住所、名前、連絡先を電話で伝える。

3　自分の名前、連絡先を書いた手紙を送る。

4　自分の名前、連絡先を書いた後、メールで送る。

問2　この交流会の活動や参加募集の内容と合っているのはどれか。

1　定員に達した場合も参加できる可能性があるので電話で問い合わせる。

2　交流会を通じて、他国の学校や児童館の子どもたちと友だちになれる。

3　「夢の国」交流会が無料で行っている世界的なボランティア活動である。

4　毎月第3土曜日に3時間、色えんぴつ、クレヨンなどを使い絵を描く。

交流会『トモダチ』参加募集

　遠い国に住んでいる人、話す言葉が違う人、そんな人たちと友だちになれる活動です。活動に参加しているのは、東京、大阪、韓国・ソウル、マレーシア・サワラクなどの学校や児童館に来る子どもたちです。

　活動では、色えんぴつ、クレヨンなどを使い絵を描いたり、コンピューターでアニメを作ったり、絵文字を使って世界にメッセージを送ったりすることができます。

　海外に興味がある子、絵を描くのが好きな子、コンピューターを使うのが好きな子、友だちを作りたい子、ぜひ遊びに来てください〜！

◎ 主 催 者 名　　「夢の国」交流会
◎ お問合せ先　　Tel) 070-0323-1518
◎ 開 催 日 時　　毎月第2土曜日に定期開催　/　14時30分 〜 17時30分
◎ 子供の料金　　1000円(保険料と材料費の実費)
◎ 定　　　員　　24人
◎ 応 募 方 法　　お名前、ご連絡先を書いた後、メールまたはFAXでお申し込みください。定員に達した場合は、お断りする場合もございますので、お早めにお申し込みください。

担当者：「夢の国」事務局長 松本智子
E-mail：yumenokuni@gmail.com
電　話：070-0323-1518　　FAX：070-0323-1519

해석 및 해설 06 안내문

문제 해설

문제 오른쪽 페이지는 '유메노쿠니' 교류회가 주최하는 교류회 『도모다치』의 참가 모집 안내이다. 다음 글을 읽고 아래 질문에 답하시오. 답은 1·2·3·4 중 가장 적당한 것을 하나 고르시오.

문1 이 교류회에 참가하고 싶은 사람은 어떻게 하면 되는가?
1. 자신의 주소, 이름, 연락처를 엽서로 우송한다.
2. 자신의 주소, 이름, 연락처를 전화로 전달한다.
3. 자신의 이름, 연락처를 쓴 편지를 보낸다.
4. **자신의 이름, 연락처를 쓴 후 메일로 보낸다.**

해설 '応募方法'을 주의해서 보면 알 수 있다. [お名前、ご連絡先を書いた後、メールまたはFAXでお申し込みください] 따라서 정답은 4번이다.

문2 이 교류회 활동이나 참가 모집 내용과 일치하는 것은 어느 것인가?
1. 정원에 이른 경우에도 참가할 수 있는 가능성이 있으니 전화로 문의한다.
2. **교류회를 통해 다른 나라의 학교나 아동관의 어린이들과 친구가 될 수 있다.**
3. '유메노쿠니' 교류회가 무료로 실행하는 세계적인 봉사 활동이다.
4. 매월 셋째 주 토요일에 3시간 동안 색연필, 크레파스 등을 사용해 그림을 그린다.

해설 1번, '応募方法'을 보면 정원이 찼을 경우에는 참가 신청을 거절할 수 있으니 서둘러 신청해 달라고 나와 있으므로 정답이 아니다. 3번, 말 그대로 교류회이지 봉사 활동이 아니며, 4번, '開催日時'를 보면 셋째 주 토요일이 아니라 둘째 주 토요일이다. 따라서 정답은 2번임을 알 수 있다.

단어

連絡先(れんらくさき) 연락처 | はがき 엽서 | 郵送(ゆうそう)する 우송하다 | 伝(つた)える 전하다 | 手紙(てがみ) 편지 | 定員(ていいん) 정원 | 〜に達(たっ)する 〜에 이르다 | 〜を通(つう)じて 〜을 통해 | 他国(たこく) 타국, 다른 나라 | 児童館(じどうかん) 아동관 | 行(おこな)う 실행하다 | 色(いろ)えんぴつ 색연필 | 絵(え)を描(か)く 그림을 그리다 | 絵文字(えもじ) 그림문자 | 興味(きょうみ) 흥미 | 保険料(ほけんりょう) 보험료 | 実費(じっぴ) 실비 | 応募(おうぼ) 응모 | お〜ください 〜해 주세요 | お断(ことわ)りする 거절하다(겸양 표현) | お早(はや)めに 일찌감치, 서둘러

> 지문 해석

교류회 『도모다치』 참가 모집

　먼 나라에 살고 있는 사람, 쓰는 언어가 다른 사람, 그런 사람들과 친구가 될 수 있는 활동입니다. 활동에 참가하고 있는 곳은 도쿄, 오사카, 한국의 서울, 말레이시아의 사와라크 등의 학교와 아동관(아동 후생 시설의 하나)에 다니는 어린이들입니다.

　활동은 색연필, 크레파스 등을 사용해 그림을 그리거나, 컴퓨터로 애니메이션을 만들거나, 그림문자를 사용해 세계에 메시지를 보내거나 할 수 있습니다.

　해외에 흥미가 있는 아이, 그림 그리는 것을 좋아하는 아이, 컴퓨터 하는 것을 좋아하는 아이, 친구를 만들고 싶은 아이는 꼭 놀러 오세요~!

◎ 주 최 자 명 :　'유메노쿠니' 교류회
◎ 문 의 처 :　Tel) 070-0323-1518
◎ 개 최 일 시 :　매월 둘째 주 토요일에 정기 개최　/　14시 30분 ~ 17시 30분
◎ 어린이 요금 :　1000엔(보험료와 재료비 실비)
◎ 정　　　원 :　24명
◎ 응 모 방 법 :　이름, 연락처를 쓴 후 메일 또는 팩스로 신청해 주십시오. 정원이 찼을 경우에는 참가 신청이 거절될 경우도 있으니 서둘러 신청해 주십시오.

담당자 : '유메노쿠니' 사무국장 마쓰모토 도모코
E-mail : yumenokuni@gmail.com
전　화 : 070-0323-1518　　FAX : 070-0323-1519

Memo

점수를 UP시키는
N3 독해

Part 2

파이널 테스트

1. 파이널 테스트 1~2회
2. 파이널 테스트 정답 및 해설

JLPT(일본어 능력시험) N3 파이널 테스트 ❶

제한시간 : 50分

問題4　つぎの文章を読んで、質問に答えなさい。答えは1・2・3・4から最もよいものを一つえらびなさい。

(1)

　寝る前にスマートフォンをいじりながら、自分は不眠症だと悩んでいませんか。電気を消した真っ暗の部屋で数時間見ているのは言うまでもなく、眠れないからといってずっとケータイを見ているうち、本当に不眠症になってしまいます。ちょっとメールを確認したり、ニュースを見たりするだけでもかなり睡眠をじゃまします。なぜなら、寝る前に新しい情報が脳に送られると、脳が目覚めて動き出してしまうからです。寝ようと思っても頭がぐるぐると動くと、眠れないでしょう。また、スマートフォンの画面を光らせるために使われているLEDライトも睡眠のリズムを狂わせてしまいます。LEDライトが放つブルーライトは脳を目覚めさせる働きをしている朝の光に似ていて、寝る前に浴びると、寝るどころか脳が目覚めてしまうでしょう。

1　本文の内容として合っていないものを選びなさい。

1　真っ暗の部屋でないと、寝る前にケータイを見ても睡眠をじゃましない。

2　ケータイの使用は不眠症になりやすくする。

3　昼はともかく、寝る前にはケータイを見るのを遠慮した方がいい。

4　LEDライトが放つブルーライトは朝日の光とほぼ同じ働きをしている。

(2)

　日本では新しい一年を迎えるお正月になると、神社に行っておみくじを引いて一年の運勢を占います。また、初夢といって新年、最初に見る夢に何が出たかでいい一年になるかどうかを占ったりします。初夢で見るといいとされるものとしては一位が富士山で、その次は(※)鷹、なすの順番です。富士山は「無事」、鷹は「高い」、なすは「成す」というかけ言葉で、それぞれ意味があります。まず、富士山は高い目標や夢を表し、出世するという意味を持っていて、鷹は可能性の広がりや力を持って夢を実現することを表します。そして、なすは事を成すことで財産が増えることを表します。

　(※)鷹：タカ目タカ科に属する鳥類の一種。

2 本文の内容として合っているものを選びなさい。

1 新年、夢になすが出ると、結婚して子供ができるという意味である。

2 新年、夢に鷹が出ると、高いところに行く機会が多くなるという意味である。

3 新年、夢に鷹が出ると、宝くじに当たってお金持ちになるという意味である。

4 新年、夢になすが出ると、事業がうまくいって豊かな生活ができるという意味である。

(3)

　人の記憶を呼び起こす方法はいろいろあるだろうけど、私にとって匂いほど強いものはない。いつもの場所から離れて一カ月間シドニーに住んだことがあるが、毎日見ていた青空はいつも私の気持ちを和やかにしてくれた。今住んでいるところでは鮮(あざ)やかに広がる青空を見る機会がめったにないので、毎日のように青空を見るのは本当に幸せなことだった。その青空と切っても切りはなせない関係であり、私の幸せな記憶を呼び覚ましてくれるもう一つが石けん屋の匂いである。私が借りていた家の近くに石けん屋があったけど、お店の前を通る時はいつもいろいろな石けんの匂いがした。その匂いを嗅(か)ぎながら青空を見るのはどんなに心地よいものだっただろうか。今もその石けん屋の匂いを嗅(か)ぐとその時に戻ったような気持ちになる。

3　本文の内容で筆者が最も言いたいことは何か。

　1　今住んでいるところは空気が悪くて青空を見ることができない。
　2　ある特定の匂いからそれにまつわる記憶が呼び起こされる。
　3　人の記憶を操るためには匂いを使った方がいい。
　4　匂いを通じて間接的にタイムスリップを経験することができる。

(4)

　何か習い事をしている人の中には、ただ自分がやりたいことだから習う人もいれば、スペックを積むことや会社の昇進などの外的な要因によってやむを得ず習う人もいる。どちらにしろ目標に向かって進んでいくという点では動機付けされたと言えるが、前者の方を「内発的動機付け」といい、後者の方を「外発的動機付け」という。すなわち、「内発的動機付け」とは、好奇心、関心、興味、やりがいなどが基になって「楽しむ」ことを優先にする動機付けである。一方、「外発的動機付け」は、外部から何かを得ることを目的とした動機付けである。例えば、自分の心を引く本を読むのは「内発的動機付け」になるが、論文や仕事のために仕方なく読む本は、何らかの目的を達成するのが主な理由なので「外発的動機付け」になる。

4 次の「動機付け」の中で一つ**性格**が違うものはどれか。

1 今度の試験で100点を取ったら母がお小遣いを上げてくれると言ったので、一生懸命勉強した。
2 うちの大学を卒業するためには、英検2級を取らなければならない。
3 学校の成績以外にも課外活動を重要視する企業が多いので、ボランティアをした。
4 大好きな日本のアニメを字幕なしで見たいから、日本語の勉強を始めた。

問題5 つぎの文章を読んで、質問に答えなさい。答えは1・2・3・4から最もよいものを一つ選びなさい。

(1)

　内閣府が実施した「①男女間における暴力に関する調査」で10～20代の時の交際相手から「被害を受けた」と答えた人が女性の約2割、男性の1割であった。交際している4～5人に一人がデートDVの被害を受けていることが分かった。DVとは英語の「domestic violence」(ドメスティック・バイオレンス)を略したもので一般的には同居関係にある配偶者や内縁関係の間で起こる家庭内暴力を指すが、恋人同士の間で起こる暴力のことをデートDVという。暴力といったら、殴ったりけったりする暴行を思い浮かべるだろうが、無理やりキスしたり、デート費用を負担させたり、メールや電話の着信履歴をチェックするのも暴力になる。また、服装などを細かくチェックしたり、友人関係を制限したりするのもデートDVにあてはまる。このような被害を受けても、本当は嫌なのに「子供みたいにしっと深いから」「ちょっと気が強いだけ」と考えたり、「愛情の裏返し」「私に甘えている証拠」と解釈して相手を悪者にしないように、関係を壊さないようとしている人が多いと思う。でも、デートDVの始まりがささいな束縛だったとしてもどんどんエスカレートしていくから、早いうちに被害を受けているのに気付かなければならない。しかし、DVという言葉は広く知られているものの、デートDVという言葉は認知度も低いし、どのようなことがデートDVなのか分からないのが現状である。そのために予防教育を進めていき、認知度を高めていくことが第一だと思う。

5 「①男女間における暴力に関する調査」で分かったことは何か。

1 デートDVについて知らない人が多いということ
2 被害を受けても暴力だと気付かない人が多いということ
3 家庭内の暴力が増えてきたということ
4 男女を問わず、付き合っている相手から暴行された経験があるということ

6 デートDVについて正しい説明はどれか。

1 本人が嫌じゃなければ殴ったりけったりするのをデートDVとは言えない。
2 半数以上の人がデートDVの被害を受けたことがある。
3 身体的な暴力に限らず、経済的および精神的な被害を受けたらそれもデートDVになる。
4 デートDVで最も多いパターンは身体に対する暴力である。

7 デートDVについて筆者の意見として合っているものは何か。

1 ささいなことで関係を壊さないようにするのが重要である。
2 相手に愛されている証拠だから、深刻に考えなくてもいい。
3 暴力であることに気付くためにはデートDVについての教育が必要である。
4 デートDVを受けている人は相手を非難するより、自分のせいではないかと考えてみる必要がある。

(2)

　現在は恋愛結婚が多いから見合い結婚というと、古いものであるように思うかもしれない。しかし、いまでも上流社会の一部では、見合いによって結婚相手を選ぶ人がいるそうだ。この時に登場するのが仲人(なこうど)と呼ばれる仲介者であるが、仲人は男性と女性をつなげる役である。仲人はお互いに似合いそうな相手を選んで見合いさせるので、このような場合の離婚率(りこんりつ)は低いといわれている。

　見合いは、当人の二人で会うのではなく、まず家族どうしで会って先にみんなで話をする。その後、当人の二人が話す時間を持つが、二人はお話ししながらお付き合いするかどうかを決める。二人の気持ちは、数日後両家の両親から仲人に伝える。そして見合いに使ったお金は、ふつう仲人が先に払っておいて、あとで男性側と女性側の両家で半分ずつもらう。

　見合いの始まりは江戸時代にさかのぼる。江戸時代以前の上流の武士(ぶし)は、結婚を家と家との結びつきだと考えていたため、当人の気持ちとは関係なく結婚話がすすめられるのがふつうだった。しかし、江戸の町に人々がたくさん集まるようになり、ある程度の地位を持っている人が現れる。するとその地位のある武士は、部下などに妻になれそうな年頃の娘を紹介してもらうようになった。見合いは政略結婚(せいりゃく)ではないので、男女ともに結婚話を断る(ことわ)ことができる。だから相手が気にいらないとまた別の見合いをする。このような見合いの風習はだんだん広がり、明治時代(めいじ)以降になると多くの日本人が見合い結婚をするようになったのである。

8 仲人の役割として正しいものはどれか。

1 まだ残っている名家を調べてリストアップする。
2 結婚相談所に向かない人をケアする。
3 男女をつなげるための仲立ちをする。
4 名門どうしをつなげ、政略結婚をさせる。

9 見合いの手順について本文の内容と一致しないものを選びなさい。

1 仲人の主導のもとで、両家の家族を集めて見合いを行う。
2 家族どうしの話が終わったあとで、二人きりの時間を与える。
3 男性は見合いが終わったあと女性を家まで送ってあげる。
4 数日後、見合い当人の交際への気持ちを両家の親を通して仲人に伝える。

10 本文の内容と一致しないものはどれか。

1 現在は恋愛結婚が多いが、お見合いで相手を選ぶ人も一部存在する。
2 お見合いの時に使うお金は男性側が払う。
3 お見合いは江戸時代に始まった風習である。
4 見合いは政略結婚とは違い、当人たちの意思が大事である。

問題6 つぎの文章を読んで、質問に答えなさい。答えは1・2・3・4から最もよいものを一つえらびなさい。

　米国からやって来たウイルソン君は米国に本社がある食器会社に勤めている。日本で課(か)せられた彼の仕事は、各家庭への戸別(こべつ)販売を通して日本の市場の将来性を探(さぐ)ることにある。ウイルソン君の会社は、もし結果がよければ本格的に日本市場への参入を計画しているのである。
　さっそく会社自慢(じまん)の新製品の電気ポットを持って各家庭を回り始めた。自分のたどたどしい日本語でも丁寧(ていねい)にきちんと聞いてくれる日本人に驚くと同時に感謝することもよくあり、まずまずの出だしであった。
　ところが、数週間たつうちに、ウイルソン君は少し①自分の気にさわることがあるのに気づき始めた。例えば、ドアをノックすると、次のように答える日本人によく出くわした。ちっとも忙しそうではないのに、「今、ちょっとたてこんでいますので、すみません」と言ってドアを開けようとしないのである。あるいはドアを開けても、「私はこの家のものではないので、またにしてください」と言ったりするのだ。あるいは、家族全員が在宅しているのに、「私、一人しかいないので、すみません」と言って戸(と)をばたりと閉める主婦。商品に興味がないなら、はっきりそう言ってくれればいいのに、どうして明らかにうそと分かるうそをつくのだろう。
　こういう経験を続けるうちに、ウイルソン君はだんだん日本人というものが分からなくなってきた。世の中には、優しい親切な人もいれば、冷たい無礼な人もいる、ただそれだけのことなのだろうか。それとも、この国では平気でうそをついても人は気にしないのだろうか。「郷(ごう)に入っては郷に従(したが)え」ということわざもあるので、とにかくあまり気にしないで②がんばってみようと思い直してみたが、明らかなうそを言われると、自分が対等な人間として扱われていないような気がして、腹が立ってくる時もしばしばであった。

「コミュニケーション・スタイル」より

11 ウイルソン君が日本にやって来た理由は何か。

1 大学で日本語を専攻し、日本語が生かせる仕事をするため

2 今働いている会社の製品が日本に進出できるかどうか調べるため

3 米国にある本社は、日本人向けの様々な製品を作っているため

4 学生の時代から憧れていた日本で仕事をするのが夢だったため

12 ①自分の気にさわることがあるの理由として適切なものは何か。

1 製品の説明を丁寧に聞いてくれるが、結局は買わない。

2 アポなしで訪ねたらドアを開けてくれない。

3 誰もが分かる、目に見えるうそをつく。

4 商品に興味がない人は、冷たくて無礼な態度で断る。

13 ②がんばってみようと思い直してみたとあるが、それはなぜか。

1 何の実績も上げずにアメリカに帰るのは悔しいから

2 日本人についてもっと深く知りたかったから

3 今住んでいるところの文化や習慣に従った方がいいと思ったから

4 自分が頑張れば、日本人と対等な立場になれると思ったから

14 本文で筆者が最も言いたいことは何か。

1 日本人は本音と建前があるから本当の気持ちが分からない。

2 日本人と米国人はコミュニケーションの取り方が違う。

3 日本人は特に外国人に対して親切で優しい。

4 他の国に行ったらその国の文化を受け入れるしかない。

問題7 右のページは外国人専門のケータイ電話サービスの案内である。これを読んで、下の質問に答えなさい。答えは、1・2・3・4から最もよいものを一つえらびなさい。

15 フランス人のマリケーさんは一ヶ月間、日本の各地を観光したいと思っている。旅行中、ネットで地図を調べたり、日本で撮った写真をフランスにいる家族と友人に送ったりするためにケータイが必要である。予算は月5000円以下で、通話よりデータを十分使いたいなら、どのプランがいいか。

1 プランA
2 プランB
3 プランC
4 プランD

16 フォリナーネットについて正しい説明はどれか。

1 英語でしか対応していないので、英語が話せない外国人はコミュニケーションに苦労する。
2 一ヶ月ごとに契約できる。
3 学生割があって学生証をみせたら、割引してもらえる。
4 料金はコンビニや銀行にて現金で払わなければなりません。

外国人専門のケータイ電話サービス

フォリナーネットは日本でがんばる外国人を応援するために、ケータイ電話サービスを行っております。フォリナーネットなら、高額な月額料金・違約金・端末代も全て必要ありません。

[フォリナーネットの特長]

高額の月額料金 X
日本の通信キャリアは最低7000円の月額料金がかかりますが、当社はその半額以下の2910円から始まります。

2年しばり X
2年しばりや違約金がありません。月単位で契約でき、急な帰国でも安心できます。

より安い端末代
0円のスマホを始め、割安な端末を自由に選べます。

支払い方法も様々
クレジットカードのみならず、コンビニ、口座振替、窓口支払いに対応できます。

5ヶ国語サポート
日本語、英語、中国語、韓国語、ベトナム語での対応ができます。

[料金表]

	料金を安くしたい	ネットを楽しみたい	料金もネットもちょうどいい	たっぷり楽しみたい
プラン	プランA	プランB	プランC	プランD
月額料金	2910円/月	2910円/月	3910円/月	5910円/月
データ容量	2GB/月	4GB/月	8GB/月	14GB/月
通話	60分/月	30分/月	120分/月	180分/月

JLPT(일본어 능력시험) N3 파이널 테스트 ❷

제한시간 : 50분

問題4 つぎの文章を読んで、質問に答えなさい。答えは1・2・3・4から最もよいものを一つえらびなさい。

(1)

　子供の友だちのこのような行動は普通なのでしょうか？

　小学1年生の子供の友だちのことで相談させていただきます。我が家に遊びに来たときの態度、行動がひどいのですが、2～3人同じような行動をする子を見ているので、最近の子供はこういうことをするのが常識(※)なのだろうかと悩んでいます。たとえば、「冷蔵庫を勝手に開ける」「入ってはいけないと言っている部屋に勝手に入る」。(中略)

　他にもありますが、これって普通なんでしょうか？　もう限界です。

　(※)常識：普通、一般の人が持ち、また持っているべき知識

1 筆者はどんなことについて相談したいと言っているか。

1　小学1年生の子供が悪い仲間と付き合っていること
2　小学1年生の子供が悪い友達を家に連れてくること
3　小学1年生の子供がわがままで、一緒に遊ぶ友達がいないこと
4　小学1年生の子供が連れてくる友だちがわがままな行動をすること

(2)

平成20年4月15日
幹事 金沢美由紀
電話（03-6307-4748）

　ずいぶん春らしくなりましたが、元気に頑張っていますか。

　5月10日(11時ごろ)同期の花見を開催します。場所取りは、私が早く起きて確保しますので、忙しいでしょうが是非ご参加ください。それから、準備の関係がありますので5月3日までに出欠を私に連絡してください。

記

日時　5月10日(土)　午前11時〜午後5時
場所　上野公園　池のあたり
　　　JR上野公園駅下車北口より徒歩10分
会費　5000円 (当日お持ちください)

以上

[2] この文章のタイトルをつけるならどれがいいか。

1　夏の「同窓会のご案内」
2　春の「お見舞いのご案内」
3　新年の「ごあいさつのご案内」
4　春の「お花見のご案内」

(3)

　インターネットのコミュニケーションはスピードが早いので、オンラインで知人や友人ができるスピードも早くなりがちです。でも、その知人や友人が実生活でどんな人間であり、どんな感じなのかを本当には知らないということを意識することは重要です。千マイルも離(はな)れていては、その人の友達の友達だって知らないし、その人物について調べられる他の方法も知りません。直接(ちょくせつ)会う機会にも注意をはらう必要があります。

3　この文章で筆者が一番言いたいことはどれか。

　1　インターネットのコミュニケーションはスピードが早くていい。

　2　オンラインで会った知人や友人の実生活はあまり重要なものではない。

　3　どんなに離(はな)れていても、オンラインでは友達になれるからうれしい。

　4　インターネットで知り合った人に会うときは、注意をはらう必要がある。

(4)
　幼児の勉強はいつから始めるのがよいでしょう。問題は時期ではありません。大切なのはその中身です。遊びと同じように楽しんでできればいつからでもいいのです。もともと幼児にとっては毎日の生活がお勉強なのです。

　おやつを食べるとき、多いほうまたは大きいほうを自然に確認することができるようになっているのです。お子さんは何でも興味を持ち、いろんなことを知りたがっています。そうはいっても、ある程度の基準は必要でしょう。

4　この文章で筆者が一番言いたいことを次の中から一つ選びなさい。

1　幼児には毎日の生活が勉強だから、別に勉強する時間は要らない。

2　幼児には毎日の生活が自然に勉強になるが、ある程度の基準は必要だ。

3　幼児の勉強は始める時期が重要だから、早く始めたほうがいい。

4　幼児の勉強は遊びと同じだから、たくさん遊ばせる必要がある。

問題5 つぎの文章を読んで、質問に答えなさい。答えは1・2・3・4から最もよいものを一つ選びなさい。

(1)

　「しぐさ」は、人に見られる以上に、その人の魅力を大きく左右する動作なのです。ただ表面的に大人の女性らしく行動してみても、どこかニセ物っぽいイメージになるかもしれません。つまり、①「大人のしぐさ」を身につけるためには、内面を変えることが先決だということになります。

　それには、自分の理想とする大人のイメージをしっかりとつかんでおくことが大切です。身の回りを見わたすと、理想とする女性がいると思います。

　かわいい、知的、品格があるなど、そのタイプはさまざまだと思いますが、まずは、自分がどういうタイプの女性を目指しているのかという②目標を決めてみましょう。

　しかし、大人の女性と接する機会がなければ、理想のイメージをつかむことはできません。さまざまな場所に出かけて、たくさんの人と接し、理想とする女性を見つけることが、大人のしぐさを身につけるための第一歩となるわけです。

5 ①「大人のしぐさ」を身につけるためにどうするべきだと言っているか。

1 まず、表面的に大人らしく行動してみる。
2 まず、近くにいるかわいい人と同じように行動してみる。
3 まず、できるだけ魅力的に行動してみる。
4 まず、理想のイメージをしっかりとつかんでおく。

6 ②目標を決めてみましょうとあるが、目標を決めるためにはどうすればいいと言っているか。

1 たくさんのタイプの人がいるということを認める。
2 大人の女性と接することをイメージしておく。
3 たくさんの人と接し、理想とする人を見つける。
4 無意識に行動できるようにしておく。

7 筆者が一番言いたいことは何か。

1 女性はいつもエレガントに行動しなければならない。
2 人間のしぐさは脳が指示するので知識を増やさなければならない。
3 大人らしく行動するには、理想のイメージをつかまなければならない。
4 たくさんの人に会ったほうが、大人らしく行動できる。

(2)
あなたは、もっと愛される自分になりたいと、思っていませんか？

ではどうすれば、人から好かれ愛されるような自分になれるのでしょうか。それは「どれだけ人に愛を与えられる人になれるか」ということです。美しく生きている人は、人から奪うことを自分の楽しみにはしません。相手から、自由を奪い、モノを奪い、恋人を奪う人を、だれも好きにならないでしょう。人から好かれる人になるためには、「愛を与えること」がとても大切です。愛といっても、恋愛や結婚というドラマチックな話ではありません。①小さな愛をコツコツと与えて下さい。

たとえば、笑顔であいさつをしたり、困っている人に「お手伝いしましょうか」と声をかけたり、あなたの日常生活の中にたくさんあるはずです。言い換えると「思いやりの心」です。小さな愛を与えることに、自分自身が楽しいと感じることが大切なのです。相手が笑顔になってくれたことに、幸せをたくさん感じればいいのです。

[8] ①小さな愛と同じ意味ではないものはどれか。

1 恋愛や結婚をすること
2 周りの人を思いやること
3 あいさつすること
4 困っている人を助けること

9 人から愛される自分になるためにはどうすればいいと言っているか。

1 愛を感じるようなできごとをいつも求めていればいい。

2 愛されたいという欲求(よっきゅう)を強く持てばいい。

3 相手から奪(うば)われないように気をつけていればいい。

4 まず、愛を与えられるようになればいい。

10 本文の内容と合っているものを一つえらびなさい。

1 人から好(す)かれる人になるには、愛されたいと強く思うことが大切である。

2 人から好かれる人になるには、いつも笑っていなければならない。

3 相手から奪(うば)うことをしないで、嫌われないようにすることが大切である。

4 相手に与えることが幸(しあわ)せだと感じることが大切である。

問題6 つぎの文章を読んで、質問に答えなさい。答えは1・2・3・4から最もよいものを一つえらびなさい。

　女性と男性が会話をするとけんかすることがあります。もちろん、男性同士や女性同士だって会話でけんかします。ただ、それ以上に男性と女性の会話はけんかが起こりやすいのです。それはなぜでしょう？

　それは、①女性の会話にサービスがたっぷりだからです。そして、女性は男性の言葉にも同じサービスを求めるからです。男性はそれに気づかず、その結果、②けんかを起こしやすくなります。

　これが起こる原因には、会話に対する価値観が違うことがあげられます。男性は心理学的に会話を「情報伝達」と考えます。それに比べて女性はどのように考えるのでしょう？

　女性の会話はコミュニケーションです。女性が話すときは相手を楽しませようとします。そして、話を聴く時は楽しませてほしいと思っています。男性同士の会話としては、男性は会話を情報伝達と考えているので、なにか「あった」か、「なかった」かで考えます。しかし、女性はコミュニケーションの会話なので、「どんな一日をすごしたの？」「あなたの過ごした時間を教えて」と、聞いているのです。

　男性は会話を「情報伝達」だと思っているわけで、「…いったい何を言いたいんだろう？」「この話の結論は…？」と考え出します。③こういった考え方のちがいが、相手の会話への不満となりやすいのです。

　でも、私たちは大丈夫でしょう。一番大変な価値観を理解するということを今解決したはずです。そしてあなたが女心（※）を思える人ならば、女心が求める話し方もできるようになることでしょう。

　（※）女心：1 女の心。女性に特有な、しとやかで優しい心。2 女が男を恋しく
　　　　　　　思う心。

[11] ①女性の会話にサービスがたっぷりなのはなぜか。

1 女性はもともとサービスすることが好きだから
2 男性にもサービスをしてもらいたいから
3 攻撃していると思われたくないから
4 女性は会話をコミュニケーションだと考えているから

[12] ②けんかを起こしやすくなりますとあるが、それはなぜか。

1 女性がサービスをしすぎるから
2 男性のサービスが少なすぎるから
3 会話に対する価値観がちがうから
4 女性のサービスに対して男性がお礼を言わないから

[13] ③こういった考え方のちがいとはどういうことか。

1 女性はほんとうに何があったのか知りたくて"今日は何かあった？"と聞く。
2 男性は会話をする時に、結論はなんだろうと考える。
3 女性は言いたいことははっきり言うことが会話だと思っている。
4 女性はその日にあったことをくわしく聞くことが会話だと思っている。

[14] 男女がけんかをしないで会話をするにはどうすればいいか。本文の内容と合っているものを一つえらびなさい。

1 男女は会話に対する価値観がちがうということを理解する。
2 男性は女性が何を言いたいのかしっかり考えるようにする。
3 おたがいに情報を正確に伝えるように気をつける。
4 おたがいにできるだけ"攻撃"しないように気をつける。

問題7　右のページはある飲食店の『食べて飲んでPR』というイベントの内容である。つぎの文章を読んで、下の質問に答えなさい。答えは1・2・3・4から最もよいものを一つ選びなさい。

15　『食べて飲んでPR』の内容として正しいのはどれか。

1　この店で20人以上の飲み会を開く企業だけを対象にする。
2　PR掲示板に宣伝することができる期間は1か月間である。
3　PR掲示板には新商品の宣伝、お店の宣伝だけでなく求人広告もできる。
4　一度来店するごとに1つスタンプが押され、10個たまると宣伝できる。

16　この飲食店の『食べて飲んでPR』の方法でないものはどれか。

1　20人以上が飲み会をする場合、入り口のPR掲示板に会社の宣伝をやってくれる。
2　お得意さまの会社パンフレットを置ける棚を店の壁に設置しておく。
3　法人客用のポイントカードを作ってスタンプ10個がたまると掲示板が利用できる。
4　PR掲示板の設置場所のタイトルはお客さんが自由に決めるようにする。

『食べて飲んでPR』

『会社、お店の飲み会なら、当店で！』

★食べて飲んで、御社をPR★

20名さま以上のお飲み会ご利用企業さまには、当店入り口に設置したPR掲示板に
1週間宣伝することができます！

　◎キャンペーンのお知らせ

　◎新商品の宣伝

　◎社員募集

　◎お店の宣伝など

　　　　　　　　　　おおいにご利用ください。

　PR方法は掲示板を使ったり、パンフレットが置けるように壁に棚を設置したり設けたりします。

　しかし、宣伝色が強くなると一般のお客さんの注目度がさがり、店内のイメージもよくありませんので、設置する場所のタイトルは、【当店のお得意さま（※）です！】とします。

　また、法人客用のポイントカードなどを用意して、5名さま以上のご利用の時、あるいは、お飲み物の値段が3万円以上のお客さんには1つスタンプが押され、スタンプが10個たまると宣伝できる、という方法も考えられます。

　●ポイントカードは無料で作れます。

　　当店のカウンターで今すぐお申し込み下さいませ！

　（※）お得意さま：いつも商品を買ってもらったり取り引きしたりする相手。顧客。

JLPT(일본어 능력시험) N3 파이널 테스트 정답 및 해설

파이널 테스트 1회

| 1. ① | 2. ④ | 3. ② | 4. ④ | 5. ④ | 6. ③ | 7. ③ | 8. ③ |
| 9. ③ | 10. ② | 11. ② | 12. ③ | 13. ③ | 14. ② | 15. ③ | 16. ② |

문제4 내용 이해-단문

1

지문 해석

자기 전에 스마트폰을 만지작거리면서 자신은 불면증이라고 고민하고 있지 않나요? 불을 끈 캄캄한 방에서 몇 시간 보고 있는 것은 말할 것도 없고, 잠이 안 온다고 해서 계속 휴대폰을 보고 있는 사이 정말 불면증에 걸리게 됩니다. 잠깐 메일을 확인하거나 뉴스를 보는 것만으로도 상당히 수면을 방해합니다. 왜냐하면 자기 전에 새로운 정보가 뇌에 보내지면 뇌가 깨어나 움직이기 시작하기 때문입니다. 자려고 해도 머리가 빙빙 움직이면 못 자겠죠. 또 스마트폰의 화면을 비추기 위해 사용되고 있는 LED 라이트도 수면의 리듬을 깹니다. LED 라이트가 발하는 블루 라이트는 뇌를 깨우는 기능을 하고 있는 아침 햇살과 유사해서 자기 전에 보면 잠들기는커녕 뇌가 깨어나겠죠.

단어

いじる 만지작거리다 | 不眠症(ふみんしょう) 불면증 | 悩(なや)む 고민하다 | 真(ま)っ暗(くら) 캄캄함 | 言(い)うまでもなく 말할 것도 없이 | ~からといって ~라고 해서 | 確認(かくにん) 확인 | かなり 상당히 | 睡眠(すいみん) 수면 | じゃまする 방해하다 | 情報(じょうほう) 정보 | 脳(のう) 뇌 | 目覚(めざ)める 깨다, 눈을 뜨다 | 動(うご)き出(だ)す 움직이기 시작하다 | 画面(がめん) 화면 | リズム 리듬 | 狂(くる)う 미치다, 이상해지다 | 放(はな)つ 발하다 | 似(に)る 닮다 | 浴(あ)びる 쬐다, 뒤집어쓰다 | ~どころか ~는커녕

문제 해설

1 본문의 내용으로서 일치하지 않는 것을 고르시오.
1 캄캄한 방이 아니라면 자기 전에 휴대폰을 봐도 수면을 방해하지 않는다.
2 휴대폰 사용은 불면증에 걸리기 쉽게 한다.
3 낮에는 그렇다 치고 자기 전에는 휴대폰 보는 것을 삼가는 편이 좋다.
4 LED 라이트가 발하는 블루 라이트는 아침 햇살과 거의 같은 기능을 하고 있다.

해설 본문 둘째 줄 [電気を消した真っ暗の部屋で数時間見ているのは言うまでもなく、～本当に不眠症になってしまいます] 부분을 보면, 캄캄한 방 안에서 몇 시간 보는 것은 말할 것도 없고, 잠이 안 온다고 해서 계속 휴대폰을 보고 있는 사이 정말 불면증에 걸리게 된다고 하였다. 또한, 뒷부분에 자기 전 휴대폰을 보면 새로운 정보가 뇌에 전달되어 뇌가 활동하기 때문에 수면을 방해한다고 하였으므로 1번이 정답이 된다.

2

지문 해석

　일본에서는 새로운 한 해를 맞이하는 설날이 되면 신사에 가서 제비를 뽑아 일년의 운세를 점칩니다. 또한 새해 첫 꿈이라고 해서 신년에 첫 번째로 꾼 꿈에 무엇이 나왔는지에 따라 좋은 한 해가 될지 어떨지를 점치기도 합니다. 새해 첫 꿈에 나오면 좋다고 여겨지는 것으로는 1위가 후지산이고 그 다음은 (※)매, 가지의 순서입니다. 후지산은 부지(무사하다), 다카(독수리)는 다카이(높다), 나스(가지)는 나스(이루다)와 같이 뜻은 다르지만 발음이 유사한 단어로 각각 의미가 있습니다. 우선 후지산은 높은 목표와 꿈을 나타내며 출세한다는 의미를 가지고 있고, 매는 가능성의 확장과 힘을 가지고 꿈을 실현한다는 것을 나타냅니다. 그리고 가지는 일을 성사시킴으로써 재산이 늘어나는 것을 나타냅니다.

　(※) 매 : 수리목 수리과에 속하는 조류의 한 종

단어

迎(むか)える 맞이하다 | お正月(しょうがつ) 정월, 설날 | 神社(じんじゃ) 신사 | おみくじ 길흉을 점치는 제비 | 引(ひ)く 뽑다, 당기다 | 運勢(うんせい) 운세 | 占(うらな)う 점치다 | 初夢(はつゆめ) 신년에 첫 번째로 꾸는 꿈 | 新年(しんねん) 신년 | ~かどうか ~인지 아닌지 | 富士山(ふじさん) 후지산 | 鷹(たか) 매 | なす 가지 | 順番(じゅんばん) 순서 | 成(な)す 이루다, 달성하다 | それぞれ 각각 | 目標(もくひょう) 목표 | 表(あらわ)す 나타내다 | 出世(しゅっせ) 출세 | 可能性(かのうせい) 가능성 | 実現(じつげん) 실현 | 財産(ざいさん) 재산 | 増(ふ)える 늘다, 증가하다

문제 해설

2　본문의 내용으로 맞는 것을 고르시오.
1　신년, 꿈에 가지가 나오면 결혼해서 아이가 생긴다는 의미이다.
2　신년, 꿈에 매가 나오면 높은 곳에 갈 기회가 많아진다는 의미이다.
3　신년, 꿈에 매가 나오면 복권에 당첨되어 부자가 된다는 의미이다.
4　신년, 꿈에 가지가 나오면 사업이 잘되어 풍족한 생활을 할 수 있다는 의미이다.

해설　본문 마지막 문장에 가지는 일을 성사시킴으로써 재산이 늘어나는 것을 나타낸다고 하였으므로 4번이 올바른 설명이 된다.

3

지문 해석

　사람의 기억을 불러일으키는 방법은 여러 가지 있지만 나에게 있어서 냄새만큼 강한 것은 없다. 지내던 장소에서 벗어나 한 달 정도 시드니에 머문 적이 있는데 매일 보던 파란 하늘은 언제나 내 기분을 온화하게 만들어 주었다. 지금 살고 있는 곳에서는 선명하게 펼쳐지는 파란 하늘을 볼 기회가 좀처럼 없기 때문에 거의 매일 파란 하늘을 보는 것은 정말 행복한 일이었다. 그 파란 하늘과 떼려야 뗄 수 없는 관계이고, 나의 행

복한 기억을 되살려 주는 또 하나가 비누 가게의 냄새이다. 내가 빌린 집 근처에 비누 가게가 있었는데 가게 앞을 지날 때는 언제나 다양한 비누 냄새가 났다. 그 냄새를 맡으며 파란 하늘을 보는 것은 얼마나 기분 좋은 일이었는지. 지금도 그 비누 가게의 냄새를 맡으면 그때로 돌아간 것 같은 기분이 된다.

단어

記憶(きおく) 기억 | 呼(よ)び起(お)こす 불러일으키다 | 方法(ほうほう) 방법 | 匂(にお)い 냄새 | 離(はな)れる 벗어나다 | 青空(あおぞら) 파란 하늘 | 和(なご)やか 온화함 | 鮮(あざ)やか 선명함 | 広(ひろ)がる 퍼지다, 펼쳐지다 | 機会(きかい) 기회 | めったにない 좀처럼 없다 | 切(き)っても切(き)りはなせない 떼려야 뗄 수 없다 | 関係(かんけい) 관계 | 呼(よ)び覚(さ)ます 되살아나게 하다 | 石(せっ)けん屋(や) 비누 가게 | 借(か)りる 빌리다 | 通(とお)る 지나다 | 嗅(か)ぐ (냄새를) 맡다 | 心地(ここち)よい 기분 좋다

문제 해설

3 본문에서 필자가 가장 말하고 싶은 것은 무엇인가?
1 지금 살고 있는 곳은 공기가 나빠서 파란 하늘을 볼 수 없다.
2 어떤 특정한 냄새로부터 그것에 연관된 기억이 되살아난다.
3 사람의 기억을 조종하기 위해서는 냄새를 사용하는 편이 좋다.
4 냄새를 통해 간접적으로 타임 슬립을 경험할 수 있다.

[해설] 필자는 파란 하늘을 보거나 비누 가게의 냄새를 맡으면 좋았던 기억이 떠오른다고 언급하며 냄새와 기억의 상관관계에 대해서 말하고 있다. 그러므로 정답은 2번이 된다.

4

지문 해석

뭔가 배우고 있는 사람 중에는 그저 자신이 하고 싶은 것이라서 배우는 사람도 있고, 스펙 쌓기와 회사 승진 등의 외적인 요인에 의해서 할 수 없이 배우는 사람도 있다. 어느 쪽이든 목표를 향해 나아간다는 점에서는 동기부여되었다고 할 수 있는데 전자를 '내발적 동기부여'라고 하고 후자를 '외발적 동기부여'라고 한다. 즉, '내발적 동기부여'란 호기심, 관심, 흥미, 보람 등이 토대가 되어 '즐기는 것'을 우선시 하는 동기부여이다. 한편, '외발적 동기부여'는 외부로부터 뭔가를 얻는 것을 목적으로 하는 동기부여이다. 예를 들어, 자신의 마음을 끄는 책을 읽는 것은 '내발적 동기부여'가 되지만 논문이나 일을 위해서 어쩔 수 없이 읽는 책은 뭔가의 목적을 달성하는 것이 주된 이유이기 때문에 '외발적 동기부여'가 된다.

단어

習(なら)い事(ごと) 배우는 일 | ただ 오직, 오로지 | スペックを積(つ)む 스펙을 쌓다 | 昇進(しょうしん) 승진 | 外的(がいてき)な 외적인 | 要因(よういん) 요인 | やむを得(え)ず 할 수 없이 | 目標(もくひょう) 목표 | 向(む)かう 향하다 | 進(すす)む 나아가다 | 動機付(どうきづ)けされる 동기가 부여되다 | 前者(ぜんしゃ) 전자 | 内発的(ないはつてき) 내발적 | 後者(こうしゃ) 후자 | 外発的(がいはつてき) 외발적 | すなわち 즉 | 好奇心(こうきしん) 호기심 | 関心

(かんしん) 관심 | 興味(きょうみ) 흥미 | 基(もと) 근본 | 楽(たの)しむ 즐기다 | 優先(ゆうせん) 우선 | 外部(がいぶ) 외부 | 得(え)る 얻다 | 心(こころ)を引(ひ)く 마음을 끌다 | 論文(ろんぶん) 논문 | 仕方(しかた)ない 달리 방법이 없다 | 達成(たっせい)する 달성하다 | 主(おも)な 주된

> 문제 해설

4 다음의 '동기부여' 중에서 성격이 다른 하나는 무엇인가?
1. 다음 시험에서 100점 맞으면 엄마가 용돈을 올려 준다고 했기 때문에 열심히 공부했다.
2. 우리 대학을 졸업하기 위해서는 영어검정시험 2급을 따야 한다.
3. 학교 성적 이외에도 과외활동을 중요시하는 기업이 많기 때문에 봉사 활동을 했다.
4. 너무 좋아하는 일본 애니메이션을 자막 없이 보고 싶어서 일본어 공부를 시작했다.

[해설] 필자는 내발적 동기부여는 단순히 하고 싶어서 하는 것, 외발적 동기부여는 뭔가를 얻기 위해서 하는 것이라고 설명하고 있다. 1번, 2번, 3번은 뭔가 대가를 바라고 하는 것이기 때문에 외발적 동기부여에 속하고 4번은 순수하게 자신이 하고 싶어서 하는 것이기 때문에 내발적 동기부여에 속한다. 그러므로 정답은 4번이 된다.

문제5 내용 이해-중문

5 ~ 7

> 지문 해석

　내각부가 실시한 '①남녀 사이에서의 폭력에 관한 조사'에서 10~20대 때 교제 상대로부터 '피해를 입었다'라고 대답한 사람이 여성의 20%, 남성의 10%였다. 교제하고 있는 4~5명 중, 한 명이 데이트 DV의 피해를 입고 있다는 사실을 알았다. DV라는 것은 영어인 'domestic violence'를 축약한 것으로, 일반적으로는 동거 관계에 있는 배우자나 내연 관계 사이에서 일어나는 가정 내 폭력을 가리키지만, 연인 사이에서 일어나는 폭력을 데이트 DV라고 한다. 폭력이라고 하면 때리거나 발로 차거나 하는 폭행을 떠올리겠지만, 억지로 키스하거나 데이트 비용을 부담하게 하거나 메일이나 전화의 착신 이력을 체크하는 것도 폭력이 된다. 또한 복장 등을 세세하게 체크하거나 친구 관계를 제한하는 것도 데이트 DV에 해당된다. 이와 같은 피해를 입어도 사실은 싫으면서 '애처럼 질투심이 강하니까' '좀 기가 셀 뿐'이라고 생각하거나, '애정의 반증' '나한테 응석부리고 있다는 증거'라고 해석해 상대방을 나쁜 사람으로 만들지 않도록, 관계를 망치지 않도록 하는 사람이 많을 것이다. 하지만 데이트 DV의 시작이 사소한 속박이었어도 점점 강도가 세지기 때문에 빨리 피해를 입고 있는 것을 알아차려야 한다. 하지만 DV라는 말은 넓게 알려져 있지만 데이트 DV라는 말은 인지도도 낮고, 어떠한 것이 데이트 DV인지 모르는 것이 현재 상황이다. 그 때문에 예방 교육을 진행해 나가고 인지도를 높여 가는 것이 우선일 것이다.

단어

内閣府(ないかくふ) 내각부 | 実施(じっし) 실시 | ～における ～에서의 | 暴力(ぼうりょく) 폭력 | ～に関(かん)する ～에 대한 | 調査(ちょうさ) 조사 | 交際相手(こうさいあいて) 교제 상대 | 被害(ひがい)を受(う)ける 피해를 입다 | デートDV 데이트 DV | 略(りゃく)する 축약하다 | 一般的(いっぱんてき) 일반적 | 同居関係(どうきょかんけい) 동거 관계 | 配偶者(はいぐうしゃ) 배우자 | 内縁(ないえん) 내연 | 家庭内(かていない) 가정 내 | 指(さ)す 가리키다 | 恋人同士(こいびとどうし) 애인끼리 | 殴(なぐ)る 때리다 | ける 발로 차다 | 暴行(ぼうこう) 폭행 | 思(おも)い浮(う)かべる 떠올리다 | 無理(むり)やり 억지로 | 費用(ひよう) 비용 | 負担(ふたん) 부담 | 着信履歴(ちゃくしんりれき) 착신 이력 | 服装(ふくそう) 복장 | 細(こま)かい 세밀, 꼼꼼하다 | 制限(せいげん) 제한 | あてはまる 해당되다 | しっと深(ぶか)い 질투심이 강하다 | 気(き)が強(つよ)い 기가 세다 | 愛情(あいじょう)の裏返(うらがえ)し 애정의 반증 | 甘(あま)える 어리광부리다, 응석부리다 | 証拠(しょうこ) 증거 | 解釈(かいしゃく) 해석 | 悪者(わるもの)にする 나쁜 사람으로 만들다 | 関係(かんけい)を壊(こわ)す 관계를 망치다 | ささいな 사소한 | 束縛(そくばく) 속박 | エスカレートする 단계적으로 심해지다 | ～うちに ～동안에, ～사이에 | 気付(きづ)く 알아차리다 | ～ものの ～지만, ～인데 | 認知度(にんちど) 인지도 | 現状(げんじょう) 현재 상황 | 予防教育(よぼうきょういく) 예방 교육 | 第一(だいいち) 제일, 우선

문제 해설

5 '①남녀 사이에서의 폭력에 관한 조사'에서 알 수 있는 것은 무엇인가?
1 데이트DV에 대해 모르는 사람이 많다는 점
2 피해를 입어도 폭력이라고 알아차리지 못하는 사람이 많다는 점
3 가정 내의 폭력이 증가해 왔다는 점
4 남녀 불문하고 사귀고 있는 상대에게 폭행당한 경험이 있다는 점

해설 밑줄 친 곳의 뒷부분을 보면 조사의 결과를 알 수 있다. 남녀 사이에서의 폭력에 관한 조사를 실시한 결과, 10~20대 때 교제 상대로부터 '피해를 입었다'고 대답한 사람이 여성의 20%, 남성의 10%였다고 하였다. 그러므로 4번이 정답이 된다.

6 데이트 DV에 대한 올바른 설명은 무엇인가?
1 본인이 싫지 않으면, 때리거나 발로 차거나 하는 것을 데이트DV라고 말할 수 없다.
2 절반 이상의 사람이 데이트DV의 피해를 입은 적이 있다.
3 신체적인 폭력뿐만 아니라 경제적, 정신적 피해를 입었다면 그것도 데이트 DV가 된다.
4 데이트 DV에서 가장 많은 패턴은 신체에 대한 폭력이다.

해설 여섯째 줄 [暴力といったら、殴ったりけったりする暴行を思い浮かべるだろうが、～友人関係を制限したりするのもデートDVにあてはまる]의 부분을 보면, 신체적 폭력뿐만 아니라 경제적, 정신적인 피해도 데이트 DV에 해당된다고 나와 있다.

7 데이트 DV에 대한 필자의 의견으로 일치하는 것은 무엇인가?
1 사소한 일로 관계를 망치지 않도록 하는 것이 중요하다.
2 상대에게 사랑받고 있다는 증거이므로 심각하게 생각하지 않아도 된다.
3 폭력이라는 것을 알아차리기 위해서는 데이트 DV에 대한 교육이 필요하다.
4 데이트 DV를 입고 있는 사람은 상대방을 비난하기보다 자신의 잘못은 아닌지 생각해 볼 필요가 있다.

해설 필자는 데이트 폭력에 대해 설명을 하면서, 피해를 입는 일이 없도록 빨리 알아차려야 한다고 주장하고 있다. 그러기 위해서는 예방 교육을 하고 인지도를 높이는 것이 우선이라고 하였으므로 3번이 정답이 된다.

8 ~ 10

지문 해석

　현재는 연애결혼이 많기 때문에 중매결혼이라고 하면 구닥다리라고 생각할지도 모른다. 하지만 지금도 일부 상류사회에서는 선을 보고 결혼 상대를 고르는 사람이 있다고 한다. 이때 등장하는 것이 중매인이라고 불리는 중개자인데 중매인은 남성과 여성을 연결시키는 역할이다. 중매인은 서로 어울릴 것 같은 상대를 골라 선을 보게 하므로 이런 경우의 이혼율은 낮다고 한다.
　선은 당사자인 두 사람만 만나는 것이 아니고 우선 가족끼리 만나서 먼저 다 같이 이야기한다. 그 후에 당사자인 두 사람이 이야기할 시간을 갖는데 두 사람은 이야기하면서 교제할지 안 할지 정한다. 두 사람의 마음은 며칠 후 양가의 부모가 중매인에게 전한다. 그리고 선을 볼 때 쓴 돈은 보통 중매인이 먼저 지불해 두고 나중에 남성 쪽과 여성 쪽 양가에서 반씩 받는다.
　선의 시작은 에도 시대로 거슬러 올라간다. 에도 시대 이전의 상류 무사는 결혼을 가문과 가문의 결합이라고 생각하고 있었기 때문에 당사자들의 마음과는 상관 없이 혼담이 진행되는 경우가 보통이었다. 하지만 에도의 마을에 사람들이 많이 모이게 되고 어느 정도의 지위를 가진 사람이 나타나게 되었다. 그러자 그 지위를 가진 무사는 부하 등에게 부인이 될 만한 적령기의 여인을 소개받게 되었다. 선은 정략결혼이 아니기 때문에 남녀 모두 혼담을 거절할 수 있다. 그렇기 때문에 상대가 마음에 안 들면 또 다른 선을 본다. 이러한 선의 풍습은 점점 확산되어 메이지 시대 이후가 되자 많은 일본인이 중매결혼을 하게 된 것이다.

단어

恋愛結婚(れんあいけっこん) 연애결혼 | **見合**(みあ)**い結婚**(けっこん) 중매결혼 | **上流社会**(じょうりゅうしゃかい) 상류사회 | **登場**(とうじょう)**する** 등장하다 | **仲人**(なこうど) 중매인 | **仲介者**(ちゅうかいしゃ) 중개자 | **似合**(にあ)**う** 어울리다 | **離婚率**(りこんりつ) 이혼율 | **お付**(つ)**き合**(あ)**い** 교제 | **数日後**(すうじつご) 며칠 후 | **両家**(りょうけ) 양가 | **伝**(つた)**える** 전하다 | **江戸時代**(えどじだい) 에도 시대 | **さかのぼる** 거슬러 올라가다 | **武士**(ぶし) 무사 | **結**(むす)**びつき** 결합 | **当人**(とうにん) 당사자 | **町**(まち) 마을 | **集**(あつ)**まる** 모이다 | **程度**(ていど) 정도 | **地位**(ちい) 지위 | **現**(あらわ)**れる** 나타나다 | **部下**(ぶか) 부하 | **年頃**(としごろ) 적령기 | **紹介**(しょうかい)**する** 소개하다 | **政略結婚**(せいりゃくけっこん) 정략결혼 | **断**(ことわ)**る** 거절하다 | **気**(き)**にいらない** 마음에 안 들다 | **風習**(ふうしゅう) 풍습 | **だんだん広**(ひろ)**がる** 점점 확산되다 | **明治時代**(めいじじだい) 메이지 시대

> **문제 해설**

8 중매인의 역할로서 옳은 것은 무엇인가?
1 아직 남아 있는 명가를 조사해서 리스트업 한다.
2 결혼상담소가 맞지 않는 사람을 케어한다.
3 **남녀를 연결시키기 위한 중간 역할을 한다.**
4 명문끼리 연결시켜 정략결혼을 시킨다.

해설 첫 번째 단락 셋째 줄을 보면 알 수 있다. [仲人は男性と女性をつなげる役である]라고 언급되어 있으므로 3번이 정답임을 알 수 있다.

9 중매의 절차에 대해서 본문의 내용과 일치하지 않는 것을 고르시오.
1 중매인의 주도 하에 양가의 가족을 모아 선을 본다.
2 가족끼리 이야기가 끝난 후에 두 사람만의 시간을 준다.
3 **남자는 중매가 끝난 후에 여자를 집까지 바래다 준다.**
4 며칠 후 중매 당사자들의 교제에 대한 생각을 양가 부모를 통해 중매인에게 전한다.

해설 1번, 첫 번째 단락 셋째 줄과 두 번째 단락 첫 부분 [仲人は男性と女性をつなげる役], [当人の二人で会うのではなく、まず家族どうしで会って先にみんなで話をする]라고 언급되어 있다. 2번, 두 번째 단락 둘째 줄 [その後、当人の二人が話す時間を持つ]라고 되어 있다. 4번, 두 번째 단락 셋째 줄 [二人の気持ちは、数日後両家の両親から仲人に伝える]라고 되어 있다. 하지만 3번의 내용은 본문에 없는 내용이므로 3번이 정답이다.

10 본문의 내용과 일치하지 않는 것은 무엇인가?
1 현재는 연애결혼이 많지만 중매로 상대를 고르는 사람도 일부 존재한다.
2 **선을 볼 때 쓰는 돈은 남자 쪽이 지불한다.**
3 중매는 에도 시대에 시작된 풍습이다.
4 중매는 정략결혼과는 달리 당사자들의 의사가 중요하다.

해설 두 번째 단락 마지막 부분에 [見合いに使ったお金は~半分ずつもらう]라고 되어 있으므로 남자가 돈을 지불하는 것이 아니라 중매인이 먼저 지불하고 나중에 양가에서 반씩 받는다. 그러므로 정답은 2번이 된다.

문제6 내용 이해-장문

11 ~ 14

지문 해석

　미국에서 온 윌슨 군은 미국에 본사가 있는 식기 회사에 근무하고 있다. 일본에서 맡겨진 그의 일은 각 가정의 방문판매를 통해 일본 시장의 장래성을 모색하는 것이다. 윌슨 군의 회사는 만약 결과가 좋으면 본격적으로 일본 시장으로 진출하려고 계획하고 있다.

　바로 회사의 주력 신제품인 전기 포트를 가지고 각 가정을 돌기 시작했다. 자신의 어설픈 일본어라도 정중하게 잘 들어 주는 일본인에게 놀람과 동시에 감사하는 일도 자주 있어서 그럭저럭 괜찮은 출발이었다.

　그런데 몇 주일이 지나는 사이에 윌슨 군은 조금 ①마음에 거슬리는 것이 있다고 느끼기 시작했다. 예를 들어, 문을 노크하면 다음과 같이 대답하는 일본인을 자주 만났다. 전혀 바쁜 것 같지 않은데 '지금, 좀 정신이 없어서 죄송합니다'라고 말하고 문을 열려고 하지 않는 것이다. 또는 문을 열어도 '저는 이 집에 사는 사람이 아니니까 다음에 다시 오세요'라고 말하기도 했다. 혹은, 가족 전원이 집에 있으면서 '저 혼자밖에 없어서, 죄송해요'라고 말하며 문을 쾅 닫는 주부. 상품에 관심이 없으면 솔직히 그렇다고 말해 주면 될 것을 어째서 훤히 들여다보이는 뻔한 거짓말을 하는 것일까?

　이런 경험을 반복하는 동안 윌슨 군은 점점 일본인이라는 사람을 알 수 없게 되었다. 세상에는 상냥하고 친절한 사람도 있고, 차갑고 무례한 사람도 있다. 단지 그것뿐일까? 아니면 이 나라에서는 태연하게 거짓말을 해도 사람들은 신경 쓰지 않는 것일까. '로마에 가면 로마법을 따르라'라는 속담도 있기에 어쨌든 별로 신경 쓰지 말고 ②열심히 해 보자고 다시 생각했지만 뻔한 거짓말을 들으면 자신이 대등한 인간으로 취급 받고 있지 않는 것 같아서 화가 나는 경우도 종종 있었다.

단어

米国(べいこく) 미국 ｜ 食器(しょっき) 식기 ｜ ~に 勤(つと)める ~에 근무하다 ｜ 課(か)せられる 부과되다 ｜ 戸別(こべつ) 호별 ｜ 販売(はんばい) 판매 ｜ 将来性(しょうらいせい) 장래성 ｜ 探(さぐ)る 조사하다 ｜ 本格的(ほんかくてき) 본격적 ｜ 参入(さんにゅう) 들어감, 참가 ｜ さっそく 곧, 즉시 ｜ 自慢(じまん) 자랑 ｜ 新製品(しんせいひん) 신제품 ｜ たどたどしい 어설프다, 더듬거리다 ｜ 丁寧(ていねい)に 정중하게 ｜ きちんと 정확히 ｜ 驚(おどろ)く 놀라다 ｜ 感謝(かんしゃ)する 감사하다 ｜ まずまず 우선, 그런대로 ｜ 出(で)だし 시작, 첫머리 ｜ 気(き)にさわる 거슬리다 ｜ 出(で)くわす 딱 마주치다 ｜ ちっとも 조금도 ｜ たてこむ 일이 한꺼번에 겹치다 ｜ 在宅(ざいたく) 집에 있음 ｜ 戸(と) 문 ｜ ばたりと 閉(し)める 쾅 닫다 ｜ 無礼(ぶれい)な 무례한 ｜ 平気(へいき)で 태연하게 ｜ 郷(ごう)に 入(い)っては 郷(ごう)に 従(したが)え 로마에 가면 로마법을 따르라 ｜ ことわざ 속담 ｜ 思(おも)い直(なお)す 다시 생각하다 ｜ 明(あき)らかな 명백한, 뻔한 ｜ 対等(たいとう)な 대등한 ｜ 扱(あつか)われる 취급당하다 ｜ 腹(はら)が 立(た)つ 화가 나다 ｜ しばしば 종종 ｜ 専攻(せんこう)する 전공하다 ｜ 生(い)かせる 살릴 수 있다 ｜ 進出(しんしゅつ) 진출 ｜ ~向(む)けの ~용의 ｜ 憧(あこが)れる 동경하다 ｜ アポなしで 약속 없이 ｜ 訪(たず)ねる 방문하다 ｜ 断(ことわ)る 거절하다 ｜ 実績(じっせき) 실적 ｜ 悔(くや)しい 억울하다 ｜ 本音(ほんね) 본심 ｜ 建前(たてまえ) (표면상의) 방침

문제 해설

11 윌슨 군이 일본에 온 이유는 무엇인가?

1. 대학에서 일본어를 전공해서 일본어를 살릴 수 있는 일을 하기 위해
2. **지금 근무하고 있는 회사의 제품이 일본에 진출할 수 있을지 조사하기 위해**
3. 미국에 있는 본사는 일본인을 대상으로 한 여러 가지 제품을 만들고 있기 때문에
4. 학생 때부터 동경하던 일본에서 일을 하는 것이 꿈이었기 때문에

해설 첫 번째 단락 [日本で課せられた彼の仕事は~参入を計画しているのである]을 보면, 일본 시장의 장래성을 조사해서 결과가 좋으면 일본 시장에 진출할 계획을 가지고 있다고 했으므로 정답은 2번이 된다.

12 ①마음에 거슬리는 것이 있다의 이유로서 적절한 것은 무엇인가?

1. 제품의 설명을 정중히 들어 주지만 결국 사지는 않는다.
2. 약속 없이 방문하면 문을 열어 주지 않는다.
3. **누가 봐도 아는, 눈에 보이는 거짓말을 한다.**
4. 상품에 관심이 없는 사람은 차갑고 무례한 태도로 거절한다.

해설 밑줄 다음 부분에 여러 가지 예를 들면서 설명하고 있다. 전혀 바쁘지 않으면서 바쁜 척을 한다든지, 집주인이 아니라고 거짓말을 한다든지, 가족 모두 다 같이 있으면서 혼자밖에 없다고 하는 등의 뻔한 거짓말이 거슬린다고 했으므로 정답은 3번이 된다.

13 ②열심히 해 보자고 다시 생각했다고 되어 있는데 그 이유는 무엇인가?

1. 아무런 실적도 올리지 못하고 미국에 돌아가는 것은 분하기 때문에
2. 일본인에 대해서 더 깊게 알고 싶었기 때문에
3. **지금 살고 있는 곳의 문화와 습관을 따르는 편이 좋다고 생각했기 때문에**
4. 자신이 노력하면 일본인과 대등한 입장이 될 수 있다고 생각했기 때문에

해설 밑줄 앞 부분 [郷に入っては郷に従え]라는 속담을 보면 필자의 마음을 알 수 있다. 정답은 3번이 된다.

14 본문에서 필자가 가장 말하고 싶은 것은 무엇인가?

1. 일본인은 속 마음과 겉으로 드러나는 마음이 있기 때문에 본심을 알 수 없다.
2. **일본인과 미국인은 커뮤니케이션 방법이 다르다.**
3. 일본인은 특히 외국인에게 친절하고 상냥하다.
4. 다른 나라에 가면 그 나라의 문화를 받아들일 수 밖에 없다.

해설 필자는 윌슨 군이 방문판매를 하면서 느꼈던 고충에 대해서 이야기하고 있다. 제품에 관심이 없으면 그렇다고 솔직히 말하면 되는데 여러 가지 이유를 들면서 뻔한 거짓말을 하는 일본인의 커뮤니케이션 방법에 대해서 언급하고 있으므로 정답은 2번이 된다.

문제7 정보 검색

15 ~ 16

문제 해설

15 프랑스인인 마르케 씨는 한 달간 일본 각지를 관광하고자 한다. 여행 중 인터넷으로 지도를 찾거나, 일본에서 찍은 사진을 프랑스에 있는 가족과 친구들에게 보내기 위해 휴대폰이 필요하다. 예산은 월 5000엔 이하이고, 통화보다는 데이터를 충분이 사용하고 싶다면 어느 플랜이 좋은가?

1 플랜 A
2 플랜 B
3 플랜 C
4 플랜 D

해설 월 5000엔 이하의 예산이므로 플랜 D를 제외하고 모두 가능하다. 그 중에서 월정 요금이 5000엔 이하이고, 데이터 용량이 제일 큰 3번이 정답이 된다.

16 포리너넷에 대한 올바른 설명은 어느 것인가?
1 영어로밖에 대응하지 않기 때문에 영어를 못하는 외국인은 커뮤니케이션에 어려움을 겪는다.
2 1개월마다 계약할 수 있다.
3 학생 할인이 있어서 학생증을 보여 주면 할인 받을 수 있다.
4 요금은 편의점이나 은행에서 현금으로 지불해야 한다.

해설 1번, 5개국어로 대응이 가능하고, 3번, 학생 할인에 대한 내용이 없으며, 4번, 편의점이나 은행 창구에서 지불하는 것 외에 신용카드도 가능하므로 오답이 된다.

단어

専門(せんもん) 전문 | **応援**(おうえん) 응원 | **行**(おこな)う 행하다 | **高額**(こうがく) 고액 | **月額料金**(げつがくりょうきん) 월정 요금 | **違約金**(いやくきん) 위약금 | **端末代**(たんまつだい) 단말기 대금 | **全**(すべ)て 전부 | **必要**(ひつよう) 필요 | **特長**(とくちょう) 장점 | **通信**(つうしん)**キャリア** 통신사 | **当社**(とうしゃ) 당사 | **半額**(はんがく) 반액 | **しばり** 묶음, 약정 | **単位**(たんい) 단위 | **契約**(けいやく) 계약 | **急**(きゅう)な 갑작스러운 | **帰国**(きこく) 귀국 | **~を始**(はじ)**め** ~을 비롯해 | **割安**(わりやす) 값이 쌈 | **支払**(しはら)**い** 지불 | **様々**(さまざま) 여러 가지 | **~のみならず** ~뿐만

아니라 | 口座振替(こうざふりかえ) 계좌 이체 | 窓口(まどぐち) 창구 | 対応(たいおう) 대응 | 容量(ようりょう) 용량 |
通話(つうわ) 통화 | ちょうど 딱 | たっぷり 듬뿍, 충분히 | 観光(かんこう) 관광 | 予算(よさん) 예산

지문 해석

외국인 전문 휴대전화 서비스

포리너넷은 일본에서 활동하시는 외국인을 응원하기 위해 휴대전화 서비스를 행하고 있습니다. 포리너넷이라면 고액의 월정 요금, 위약금, 단말기 대금도 모두 필요 없습니다.

[포리너넷의 장점]

고액의 월정 요금 X
일본 통신사는 최저 7000엔의 월정 요금이 들지만, 당사는 그것의 반도 안 되는 2910엔부터 시작됩니다.

2년약정 X
2년 약정이나 위약금이 없습니다. 월 단위로 계약할 수 있어서 급히 귀국할 시에도 안심할 수 있습니다.

보다 싼 단말기 대금
공짜 스마트폰을 비롯해, 저렴한 단말기를 자유롭게 고를 수 있습니다.

지불 방법도 다양
신용카드뿐만 아니라 편의점, 계좌이체, 은행 창구에서의 지불이 가능합니다.

5개국어 서포트
일본어, 영어, 중국어, 한국어, 베트남어로 대응 가능합니다.

[요금표]

	요금을 싸게 하고 싶다	인터넷을 즐기고 싶다	요금도 인터넷도 딱 좋다	충분히 즐기고 싶다
플랜	플랜 A	플랜 B	플랜 C	플랜 D
월정 요금	2910엔/월	2910엔/월	3910엔/월	5910엔/월
데이터 용량	2GB/월	4GB/월	8GB/월	14GB/월
통화	60분/월	30분/월	120분/월	180분/월

파이널 테스트 2회

| 1. ④ | 2. ④ | 3. ④ | 4. ② | 5. ④ | 6. ③ | 7. ③ | 8. ① |
| 9. ④ | 10. ④ | 11. ④ | 12. ③ | 13. ② | 14. ① | 15. ③ | 16. ④ |

문제4 내용 이해-단문

지문 해석

아이 친구들의 이런 행동은 흔한 일일까요?

초등학교 1학년인 아이의 친구들의 일로 상담 드립니다. 우리집에 놀러 왔을 때의 태도나 행동이 심한데, 2~3명 비슷한 행동을 하는 아이를 보니, 요즘 아이들은 이런 행동을 하는 것이 보통(※)인 걸까 하고 고민하고 있습니다. 예를 들어 '냉장고를 마음대로 열기', '들어가면 안 된다고 말한 방에 멋대로 들어가기'. (중략) 그 외에도 있습니다만 이런 게 흔한 일일까요? 이제 한계입니다.

(※) 상식 : 보통, 일반적인 사람이 가지는, 또 가지고 있어야 할 지식

단어

行動(こうどう) 행동 | **普通**(ふつう) 보통, 일반적임 | **相談**(そうだん) 상담 | **~させていただく** ~하다(겸양 표현) | **我**(わ)**が家**(や) 우리집 | **態度**(たいど) 태도 | **常識**(じょうしき) 상식 | **悩**(なや)**む** 고민하다 | **たとえば** 예를 들면 | **冷蔵庫**(れいぞうこ) 냉장고 | **勝手**(かって)**に** 마음대로 | **開**(あ)**ける** 열다 | **~てはいけない** ~해서는 안 된다 | **部屋**(へや) 방 | **限界**(げんかい) 한계 | **仲間**(なかま) 동료, 친구 | **付**(つ)**き合**(あ)**う** 교제하다, 어울려 다니다 | **連**(つ)**れてくる** 데려오다 | **わがまま** 제멋대로 굶, 버릇없음

문제 해설

> 1 필자는 어떤 일에 대해 상담하고 싶다고 하는가?
> 1 초등학교 1학년인 아이가 나쁜 친구들과 어울리고 있는 것
> 2 초등학교 1학년인 아이가 나쁜 친구들을 집에 데려 오는 것
> 3 초등학교 1학년인 아이가 제멋대로여서 함께 놀 친구가 없는 것
> **4 초등학교 1학년인 아이가 데려오는 친구들이 버릇없이 행동하는 것**

해설 필자는 아이들의 제멋대로인 행동이 보통 사람들로 하여금 용인되는 행동인지, 그것을 고민하고 있다. 본문 넷째 줄의 [最近の子供はこういうことをするのが常識なのだろうかと悩んでいます。たとえば、「冷蔵庫を勝手に開ける」「入ってはいけないと言っている部屋に勝手に入る」]로부터, 필자의 고민을 알 수 있으며, 정답은 4번이다.

2

지문 해석

> 2008년 4월 15일
> 간사 가나자와 미유키
> 전화 (03-6307-4748)
>
> 완연한 봄 날씨 속에 건강하게 지내고 계십니까?
> 　5월 10일(11시 경) 동기 꽃놀이를 개최합니다. 장소는 제가 일찍 일어나서 확보해 놓을 예정이니, 바쁘시더라도 꼭 참석해 주십시오. 그리고 준비 관계 문제로 5월 3일까지 참석 여부를 저에게 연락해 주십시오.
>
> 　　　　　　　　　　　　　기
>
> 일시　5월 10일 (토) 오전 11시~오후 5시
> 장소　우에노 공원 연못 근처
> 　　　JR 우에노 공원 역 하차 북쪽 출구에서 도보 10분
> 회비　5000엔 (당일 지참해 주십시오)
>
> 　　　　　　　　　　　　　이상

단어

~らしい ~답다 | 頑張(がんば)る 힘내다, 분발하다 | 同期(どうき) 동기(생), 같은 시기 | 花見(はなみ) 꽃놀이, 꽃구경 | 開催(かいさい) 개최 | 場所取(ばしょと)り 자리 잡기 | 確保(かくほ) 확보 | 是非(ぜひ) 꼭, 반드시 | 準備(じゅんび) 준비 | 出欠(しゅっけつ) 출결 | 下車(げしゃ) 하차 | 北口(きたぐち) 북쪽 출구 | 徒歩(とほ) 도보 | 同窓会(どうそうかい) 동창회 | お見舞(みま)い 병문안

문제 해설

2 이 문장의 제목을 붙인다면 어느 것이 적당할까?
1　여름 '동창회 안내'
2　봄 '병문안 안내'
3　신년 '인사 안내'
4　봄 '꽃놀이 안내'

해설　본문의 두 번째 줄 [5月10日(11時ごろ)同期の花見を開催します]로부터, 4번이 답임을 알 수 있다.

3

지문 해석

　인터넷의 커뮤니케이션은 속도가 빨라서 온라인에서 아는 사람이나 친구가 생기는 속도도 빨라지는 경향이 있습니다. 그러나 그 아는 사람이나 친구가 실생활에서 어떤 사람이고, 어떤 느낌인지를 실제로는 모른다는 것을 의식하는 것은 중요합니다. 천 마일이나 떨어져 있어서는 그 사람의 친구의 친구도 모를 것이고, 그 인물에 대해 알아볼 수 있는 다른 방법도 모릅니다. 직접 만날 기회가 있을 때에도 주의를 기울일 필요가 있습니다.

단어

オンライン 온라인 | **知人(ちじん)** 지인, 아는 사람 | **友人(ゆうじん)** 친구 | **できる** 생기다 | **～がちだ** ～하는 경향이 많다 | **実生活(じっせいかつ)** 실생활 | **意識(いしき)する** 의식하다 | **重要(じゅうよう)** 중요함 | **離(はな)れる** 떨어지다, 벌어지다 | **～だって** ～도 | **～し** ~하고 | **人物(じんぶつ)** 인물 | **～について** ～에 대해서 | **調(しら)べる** 조사하다, 알아보다 | **直接(ちょくせつ)** 직접 | **機会(きかい)** 기회 | **注意(ちゅうい)をはらう** 주의를 기울이다 | **うれしい** 기쁘다 | **知(し)り合(あ)う** 서로 알다, 아는 사이가 되다

문제 해설

3 이 글에서 필자가 가장 말하고 싶은 것은 어느 것인가?
1　인터넷 커뮤니케이션은 속도가 빨라서 좋다.
2　온라인에서 만난 아는 사람이나 친구의 실생활은 그다지 중요한 것이 아니다.
3　아무리 떨어져 있어도 온라인에서는 친구가 될 수 있어서 기쁘다.
4　**인터넷에서 알게 된 사람과 만날 때에는 주의를 기울일 필요가 있다.**

해설 필자가 주장하는 바는 본문의 마지막 부분인 [直接会う機会にも注意をはらう必要があります]에 드러나 있다. 따라서, 답은 4번이다. 1번, 본문에서는 인터넷 커뮤니케이션의 속도가 빨라, 온라인으로 사람을 사귀는 속도도 빠른 경향이 있다고만 언급했으므로, 보기와는 일치하지 않는다. 2번, 본문의 두 번째 문장에서 필자는 온라인에서 사귄 사람이 실생활에서 어떠한 사람인지 실제로는 모른다는 것을 의식해야 한다고 했다. 3번, 필자가 주장하는 바는 온라인으로 쉽게 사람을 사귈 수 있지만, 실제로 만남을 가질 때는 그 사람이 실제로는 어떤 사람인지 모르므로 주의해야 한다는 것이다. 따라서, 답이 아니다.

4

지문 해석

　유아들의 공부는 언제부터 시작하는 것이 좋을까요? 문제는 시기가 아닙니다. 중요한 것은 그 내용입니다. 놀이와 마찬가지로 즐겁게 할 수 있다면 언제부터라도 좋습니다. 원래 유아에게는 하루하루의 생활이 공부인 것입니다.
　간식을 먹을 때 많은 쪽 또는 큰 쪽을 자연스럽게 확인할 수 있게 되어 있는 것입니다. 아이들은 뭐든지 흥미를 갖고, 이것저것 알고 싶어 합니다. 그렇다고 해도 어느 정도의 기준은 필요하겠지요.

> 단어

幼児(ようじ) 유아 | 時期(じき) 시기 | 中身(なかみ) 내용물, 알맹이 | 遊(あそ)び 놀이 | もともと 원래, 본디 | ～にとって ～에게 있어서, ～에게 | おやつ 간식 | 自然(しぜん)に 자연스럽게 | 確認(かくにん)する 확인하다 | ～ことができる ～할 수 있다 | ～ようになる ～하게 되다 | お子(こ)さん 자녀분 | 興味(きょうみ) 흥미 | ～たがる ～하고 싶어 하다 | そうはいっても 그렇다고 해도 | 程度(ていど) 정도 | 基準(きじゅん) 기준 | 別(べつ)に 딱히, 특별히 | 要(い)らない 필요 없다

> 문제 해설

4 이 글에서 필자가 가장 말하고 싶은 것을 다음 중 하나 고르시오.
1 유아에게는 하루하루의 생활이 공부이기 때문에, 딱히 공부할 시간은 필요 없다.
2 유아에게는 하루하루의 생활이 자연스럽게 공부가 되지만, 어느 정도의 기준은 필요하다.
3 유아의 공부는 시작하는 시기가 중요하므로 빨리 시작하는 편이 좋다.
4 유아의 공부는 놀이와 마찬가지이므로 많이 놀게 할 필요가 있다.

해설 필자는 첫 번째 단락 끝부분의 [もともと幼児にとっては毎日の生活がお勉強なのです]라는 문장에서 유아에게는 하루하루의 생활이 공부라고 말하고 있다. 그리고 이 글의 마지막 문장에서 [そうはいっても、ある程度の基準は必要でしょう]라며 어느 정도 기준은 필요하다고도 말하고 있다. 따라서 답은 2번이 된다.

문제5 내용 이해-중문

5 ~ 7

> 지문 해석

'몸짓'은 남에게 보이는 것 이상으로 그 사람의 매력을 크게 좌우하는 동작입니다. 단지 표면적으로 성숙한 여성처럼 행동해 보아도 어딘지 가짜 같은 이미지가 될지도 모릅니다. 즉 ①'성숙한 몸짓'을 습득하기 위해서는 내면을 바꾸는 것이 먼저라는 것입니다.
그러기 위해서는 자신이 이상적이라고 생각하는 성숙한 이미지를 확실하게 파악해 두는 것이 중요합니다. 주변을 둘러보면 이상형인 여성이 있을 것입니다.
귀엽다, 지적이다, 품격이 있다 등 그 타입은 다양하리라 생각하는데, 먼저 자신이 어떤 타입의 여성을 지향하고 있는지 ②목표를 정해 봅시다.
그러나 성숙한 여성과 접할 기회가 없으면 이상적인 이미지를 파악하는 것은 불가능합니다. 여러 장소에 나가 많은 사람들과 접해 이상으로 삼는 여성을 찾는 것이 성숙한 몸짓을 습득하기 위한 첫걸음이 되는 것입니다.

> 단어

しぐさ 몸짓, 동작 | 魅力(みりょく) 매력 | 左右(さゆう)する 좌우하다 | 動作(どうさ) 동작 | 表面的(ひょうめんてき) 표면

적 | ニセ物(もの) 가짜 | ～っぽい ～의 경향이 강하다 | ～かもしれない ～일지도 모른다 | つまり 즉, 다시 말해서 | 身(み)につける 익히다, 습득하다 | 内面(ないめん) 내면 | 変(か)える 바꾸다 | 先決(せんけつ) 선결, 먼저 해결하거나 결정함 | ～ことになる ～하게 되다 | 理想(りそう) 이상 | しっかりと 확실하게 | つかむ 파악하다 | 大切(たいせつ) 중요함 | 身(み)の回(まわ)り 자신의 주위, 신변 | 見(み)わたす 둘러보다 | 知的(ちてき) 지적 | 品格(ひんかく) 품격 | 目指(めざ)す 지향하다, 목표로 하다 | 目標(もくひょう) 목표 | 接(せっ)する 접하다 | 機会(きかい) 기회 | 見(み)つける 발견하다, 찾다 | ～ための ～하기 위한 | 第一歩(だいいっぽ) 첫걸음 | ～わけだ ～인 것이다 | できるだけ 가능한 한 | 無意識(むいしき) 무의식 | 脳(のう) 뇌 | 指示(しじ)する 지시하다 | 知識(ちしき) 지식 | 増(ふ)やす 늘리다 | ～なければならない ～하지 않으면 안 되다, ～해야 하다

문제 해설

5 ①'성숙한 몸짓'을 습득하기 위해서 어떻게 해야 한다고 말하고 있는가?

1 먼저 표면적으로 성숙하게 행동해 본다.
2 먼저 가까이 있는 귀여운 사람과 똑같이 행동해 본다.
3 먼저 가능한 한 매력적으로 행동해 본다.
4 먼저 이상적인 이미지를 확실하게 파악해 둔다.

해설 두 번째 단락 첫 문장[自分の理想とする大人のイメージをしっかりとつかんでおくことが大切です]로부터, 4번이 정답임을 알 수 있다.

6 ②목표를 정해 봅시다라고 했는데, 목표를 정하기 위해서는 어떻게 하면 된다고 말하고 있는가?

1 많은 타입의 사람이 있다는 것을 인정한다.
2 성숙한 여성과 만나는 것을 이미지화해 둔다.
3 많은 사람과 만나 이상적이라고 생각하는 사람을 찾는다.
4 무의식적으로 행동할 수 있도록 해 둔다.

해설 마지막 단락의 두 번째 문장 [さまざまな場所に出かけて、たくさんの人と接し、理想とする女性を見つけることが、大人のしぐさを身につけるための第一歩となるわけです]로부터, 3번이 정답임을 알 수 있다.

7 필자가 가장 말하고 싶은 것은 무엇인가?

1 여성은 언제나 우아하게 행동해야 한다.
2 인간의 몸짓은 뇌가 지시하므로 지식을 늘려야 한다.
3 성숙하게 행동하기 위해서는 이상적인 이미지를 파악해야 한다.
4 많은 사람을 만나는 편이 성숙하게 행동할 수 있다.

해설 마지막 단락의 두 번째 문장 중 [理想とする女性を見つけることが、大人のしぐさを身につけるための第一歩となるわけです]로부터 3번이 정답임을 알 수 있다.

8 ~ 10

지문 해석

당신은 더욱 사랑받는 자신이 되고 싶다고 생각하지 않습니까?

그럼 어떻게 해야 타인이 좋아하고 사랑하는 내가 될 수 있을까요? 그것은 '얼마나 타인에게 사랑받을 수 있는 사람이 될 수 있느냐'라는 것입니다. 아름답게 살고 있는 사람은 타인에게 빼앗은 것을 자신의 즐거움으로 삼지는 않습니다. 상대에게 자유를 빼앗고 물건을 빼앗고, 연인을 빼앗는 사람을 아무도 좋아하지 않겠지요. 남들이 좋아하는 사람이 되기 위해서는 '사랑을 주는 것'이 매우 중요합니다. 사랑이라고 해도 연애나 결혼이라는 드라마틱한 이야기가 아닙니다. ①작은 사랑을 꾸준히 주세요.

예를 들어, 웃는 얼굴로 인사를 하거나 어려움을 겪고 있는 사람에게 '도와 드릴까요?'라고 말을 걸거나, 당신의 일상생활 속에 많이 있을 것입니다. 바꿔 말하면 '배려하는 마음'입니다. 작은 사랑을 주는 것으로 자기 자신이 즐겁다고 느끼는 것이 중요한 것입니다. 상대가 웃는 얼굴이 된 것을 보며 많은 행복을 느끼면 되는 것입니다.

단어

好(す)かれる 호감을 받다 | 与(あた)える 주다 | 生(い)きている 살고 있다 | 奪(うば)う 빼앗다 | 楽(たの)しみ 즐거움 | 恋人(こいびと) 연인 | ～ために ～하기 위해서 | ～といっても ～라고 해도 | 恋愛(れんあい) 연애 | ドラマチックな 드라마틱한 | コツコツと 꾸준히 | 笑顔(えがお) 웃는 얼굴 | 手伝(てつだ)う 돕다 | 声(こえ)をかける 말을 걸다 | 日常(にちじょう) 일상 | 言(い)い換(か)える 바꿔 말하다 | 思(おも)いやり 배려 | 幸(しあわ)せ 행복 | 助(たす)ける 돕다 | 欲求(よっきゅう) 욕구 | 気(き)をつける 조심하다, 주의하다 | 嫌(きら)われる 미움을 받다 | ～ないように ～하지 않도록

문제 해설

8 ①작은 사랑과 같은 의미가 아닌 것은 어느 것인가?

1. 연애나 결혼을 하는 것
2. 주위 사람을 배려하는 것
3. 인사를 하는 것
4. 어려움을 겪고 있는 사람을 도와주는 것

해설 해당 밑줄을 기준으로 앞부분의 [恋愛や結婚というドラマチックな話ではありません]과 뒷부분의 [例えば、笑顔であいさつをしたり、困っている人に「お手伝いしましょうか」と声をかけたり、～言い換えると「思いやりの心」です]를 종합해 보면, 1번이 정답임을 알 수 있다.

9 타인에게 사랑받는 자신이 되기 위해서는 어떻게 하면 된다고 말하고 있는가?

1. 사랑을 느낄 듯한 일을 언제나 바라고 있으면 된다.
2. 사랑받고 싶다는 욕구를 강하게 가지면 된다.
3. 상대에게 빼앗기지 않도록 조심하고 있으면 된다.
4. 먼저 사랑받을 수 있도록 되면 된다.

해설) 본문 둘째 줄 [ではどうすれば、人から好かれ愛されるような自分になれるのでしょうか。それは「どれだけ人に愛を与えられる人になれるか」ということです]와 다섯 번째 줄의 [人から好かれる人になるためには、「愛を与えること」がとても大切です]로부터, 4번이 정답임을 알 수 있다.

10 본문의 내용과 일치하는 것을 하나 고르시오.
1 타인이 좋아하는 사람이 되기 위해서는 사랑받고 싶다고 간절히 생각하는 것이 중요하다.
2 타인이 좋아하는 사람이 되기 위해서는 언제나 웃고 있지 않으면 안 된다.
3 상대에게서 뺏지 말고 미움을 받지 않도록 하는 것이 중요하다.
4 **상대에게 주는 것이 행복하다고 느끼는 것이 중요하다.**

해설) 마지막 단락의 세 번째 문장인 [小さな愛を与えることに、自分自身が楽しいと感じることが大切なのです]로부터 4번이 본문과 일치함을 알 수 있다.

문제6 내용 이해-장문

11 ~ 14

지문 해석

　여성과 남성이 대화를 하면 싸우는 경우가 있습니다. 물론 남성끼리나 여성끼리도 대화하면서 싸웁니다. 단, 그 이상으로 남성과 여성의 대화는 싸움이 쉽게 일어납니다. 그것은 왜 그럴까요?
　그것은 ①여성의 대화에 서비스(배려하는 마음)가 듬뿍 실려 있기 때문입니다. 그리고 여성은 남성의 말에도 같은 배려를 요구하기 때문입니다. 남성은 그것을 알아채지 못하고, 그 결과 ②싸움을 쉽게 하게 됩니다.
　이것이 일어나는 원인으로는 대화에 대한 가치관이 다른 점을 들 수 있습니다. 남성은 심리학적으로 대화를 '정보 전달'로 생각합니다. 그에 비해 여성은 어떻게 생각할까요?
　여성의 대화는 의사소통입니다. 여성이 말할 때는 상대를 즐겁게 하려고 합니다. 그리고 이야기를 들을 때는 즐겁게 해 주었으면 하고 생각합니다. 남성끼리의 대화는 남성은 대화를 정보 전달이라고 생각하기 때문에 무슨 일이 '있었다'나 '없었다'로 생각합니다. 그러나 여성은 의사소통을 위한 대화이므로 '어떤 하루를 보냈어?' '네가 보낸 시간에 대해 가르쳐 줘'라고 묻는 것입니다.
　남성은 대화를 '정보 전달'이라고 생각하고 있기 때문에 '…도대체 무슨 말을 하고 싶은 거지?' '이 이야기의 결론은…?'하고 생각합니다. ③이러한 사고방식의 차이가 상대방의 대화에 대한 불만이 되기 쉬운 것입니다.
　하지만 우리들은 괜찮겠지요. 가장 중요한 가치관을 이해한다는 것을 지금 해결한 것입니다. 그리고 당신이 여심을 생각할 수 있는 사람이라면 여심(※)이 원하는 말도 할 수 있게 되겠지요.

(※) 여심 : 1 여자의 마음. 여성 특유의 정숙하고 상냥한 마음.
　　　　　 2 여자가 남자를 그리워하는 마음.

> 단어

けんかする 싸우다 | ～同士(どうし) ～끼리 | ～だって ～도 | 起(お)こる 일어나다, 발생하다 | ～やすい ～하기 쉽다 | なぜ 왜 | たっぷり 듬뿍 | 求(もと)める 요구하다 | 気(き)づく 깨닫다 | ～ず(に) ～하지 않고 | 起(お)こす 일으키다 | 価値観(かちかん) 가치관 | 違(ちが)う 다르다 | あげる (예 등을) 들다 | ～に対(たい)する ～에 대한 | 心理学(しんりがく) 심리학 | 伝達(でんたつ) 전달 | ～に比(くら)べて ～에 비해서 | 楽(たの)しませる 즐겁게 하다 | ～てほしい ～했으면 한다 | 考(かんが)え出(だ)す 생각해 내다 | 不満(ふまん) 불만 | 解決(かいけつ) 해결 | ～はずだ ～할 터이다 | 攻撃(こうげき) 공격 | お礼(れい)を言(い)う 감사의 인사를 하다 | おたがいに 서로 | 気(き)をつける 주의하다

> 문제 해설

11 ①여성의 대화에 배려가 듬뿍 담긴 것은 왜인가?
1 여성은 원래 배려하는 것을 좋아하니까
2 남성에게도 배려를 받고 싶으니까
3 공격하고 있다는 생각은 받고 싶지 않으니까
4 여성은 대화를 의사소통이라고 생각하니까

해설 네 번째 단락의 첫 번째 문장인 [女性の会話はコミュニケーションです]로부터, 4번이 정답임을 알 수 있다.

12 ②싸움을 쉽게 하게 됩니다라고 되어 있는데 그것은 왜인가?
1 여성이 배려를 지나치게 하니까
2 남성의 배려가 너무 적으니까
3 대화에 대한 가치관이 다르니까
4 여성의 배려에 대해서 남성이 고마움을 말하지 않으니까

해설 해당 밑줄의 뒷부분 [これが起こる原因には、会話に対する価値観が違うことがあげられます]를 보면 3번이 정답임을 알 수 있다.

13 ③이러한 사고방식의 차이란 어떠한 것인가?
1 여성은 정말로 무슨 일이 있었는지 알고 싶어서 "오늘은 무슨 일 있었어?"라고 묻는다.
2 남성은 대화를 할 때에 결론은 무엇일까 생각한다.
3 여성은 말하고 싶은 것은 확실히 말하는 것이 대화라고 생각하고 있다.
4 여성은 그날 있었던 일을 상세하게 묻는 것이 대화라고 생각하고 있다.

해설 해당 밑줄의 앞부분 [男性は会話を「情報伝達」だと思っているわけで、「…いったい何を言いたいんだろう？」「この話の結論は…？」と考え出します]를 보면 2번이 정답임을 알 수 있다.

14	남녀가 싸우지 않고 대화를 하기 위해서는 어떻게 하면 될까? 본문의 내용과 일치하는 것을 하나 고르시오.
1	남녀는 대화에 대한 가치관이 다르다는 것을 이해한다.
2	남성은 여성이 무엇을 말하고 싶은지 잘 생각하도록 한다.
3	서로가 정보를 정확하게 전달하도록 주의한다.
4	서로가 가능한 한 '공격'하지 않도록 주의한다.

해설 본문의 마지막 부분 [そしてあなたが女心を思える人ならば、女心が求める話し方もできるようになることでしょう]로부터, 대화에 대한 가치관이 다름을 인정하고 이해한다는 내용을 읽어낼 수 있으므로, 1번이 정답이다.

문제7 정보 검색

15 ~ 16

문제 해설

15	『먹고 마시고 PR』의 내용으로 옳은 것은 어느 것인가?
1	이 가게에서 20명 이상의 회식을 여는 기업만을 대상으로 한다.
2	PR 게시판에 선전할 수 있는 기간은 한 달 동안이다.
3	PR 게시판에는 신상품 선전, 가게 선전뿐만 아니라 구인 광고도 할 수 있다.
4	한 번 가게에 올 때마다 스탬프 1개를 받아 10개가 쌓이면 선전할 수 있다.

해설 1번, 20명 이상의 회식을 여는 기업만이 아니라, 스탬프를 찍어 10개가 쌓이면 선전할 수 있는 방법도 있다. 2번, 선전할 수 있는 기간은 1주일이다. 4번, 스탬프를 받을 수 있는 조건은 올 때마다가 아니라 5명 이상이 올 때이므로 답이 아니다. 따라서 답은 3번이다.

16	이 음식점의 『먹고 마시고 PR』의 방법이 아닌 것은 어느 것인가?
1	20명 이상이 회식을 할 경우 입구의 PR 게시판에 회사 선전을 해 준다.
2	단골손님의 회사 팸플릿을 둘 수 있는 선반을 가게 벽에 설치해 둔다.
3	법인 고객용 포인트 카드를 만들어 스탬프 10개가 쌓이면 게시판을 이용할 수 있다.
4	PR 게시판 설치 장소의 타이틀은 손님이 자유롭게 정하도록 한다.

해설 열셋째 줄 [しかし、宣伝色が強くなると、~設置する場所のタイトルは、【当店のお得意さまです！】とします]를 보면 4번이 정답임을 유추할 수 있다.

단어

飲食店(いんしょくてん) 음식점 | 飲(の)み会(かい) 회식, 술 모임 | 企業(きぎょう) 기업 | 対象(たいしょう) 대상 | 掲示板(けいじばん) 게시판 | 宣伝(せんでん)する 선전하다 | ～ことができる ～할 수 있다 | 期間(きかん) 기간 | 来店(らいてん)する 내점하다 | ～ごとに ～마다 | スタンプ 스탬프, 도장 | 押(お)される 찍히다 | たまる 모이다, 쌓이다 | 新商品(しんしょうひん) 신상품 | ～だけでなく ～뿐만 아니라 | 求人広告(きゅうじんこうこく) 구인 광고 | お得意(とくい)さま 단골손님 | パンフレット 팸플릿 | 設置(せっち) 설치 | ～ようにする ～하도록 하다 | 当店(とうてん) 당점 | 入(い)り口(ぐち) 입구 | 募集(ぼしゅう) 모집 | 壁(かべ) 벽 | 棚(たな) 선반 | 設(もう)ける 마련하다, 설치하다 | 一般(いっぱん) 일반 | 注目度(ちゅうもくど) 주목도 | さがる 낮아지다 | 店内(てんない) 점내 | 法人(ほうじん) 법인 | 客用(きゃくよう) 손님용, 고객용 | 用意(ようい)する 준비하다 | 取引(とりひき) 거래

지문 해석

오른쪽 페이지는 어느 음식점의 『먹고 마시고 PR』이라는 이벤트 내용이다. 다음 글을 읽고 아래 질문에 답하시오. 답은 1·2·3·4에서 가장 적당한 것을 하나 고르시오.

『먹고 마시고 PR』

『회사, 가게의 회식이라면, 이 가게에서!』
★ 먹고 마시고, 귀사를 PR ★

20명 이상의 회식을 이용하는 기업은 본 가게 입구에 설치한 PR 게시판에 1주일 동안 선전할 수 있습니다!
　◎ 캠페인 알림(고지)
　◎ 신제품 선전
　◎ 사원 모집
　◎ 가게 선전 등

많이 이용해 주세요.

　PR 방법은 게시판을 이용하거나 팸플릿을 놓을 수 있도록 벽에 선반을 설치합니다.
　그러나 선전색이 강하면 일반 고객의 주목도가 떨어지고 가게 이미지도 좋지 않기 때문에 설치하는 장소의 타이틀은【본점의 단골(※)입니다!】로 합니다.
　또 법인 고객용 포인트 카드 등을 준비해, 5명 이상 이용 시 또는 음료수값이 3만 엔 이상인 손님에게는 스탬프 1개를 찍어, 스탬프가 10개가 쌓이면 선전할 수 있게 하는 방법도 생각할 수 있습니다.
• 포인트 카드는 무료로 만들 수 있습니다.
　당점 카운터에서 지금 바로 신청해 주세요!

　(※) 단골 : 언제나 상품을 사 주거나 거래하는 상대. 고객.